창이 환한 교실 08

문학작품 읽어주기로 여는 한 학기_ 한 권 읽기_

아동문학교육연구실 새길 씀

사이사이의 하

차례

읽기의 궁극적인 성공을 위해

요구되는 지식을 쌓아올리는 데에 유일하게 가장 중요한 활동은

아동에게 소리 내어 책을 읽어주는 것이다.

이는 특히 학령 전 아동에게 적합하다.

그리고 이점은 헤아릴 수 없이 크다.

아동은 문자와 단어를 식별하는 것을 배우며,

단어의 의미에 관해 말하고, 이야기에 대한 토의에 참여하며,

능동적인 독자가 된다.

— Anderson, R.C. & Others, *Becoming the Nation of Readers*,

Illinois University Press, 1985, 23면.

책머리에

오랜 준비 끝에 새 책을 내게 되었습니다. 교육을, 문학교육을 공부한 지 오랜 시간이 지났고, 그 공부 끝에 마침내 도달한 결론이 바로 '문학작품 읽어주기'였습니다. 좋은 문학작품을 아이들에게 읽어주고 또 함께 읽으며, 이를 바탕으로 교사와 학생들이, 학생과 학생이 함께 대화를 나누는 것이야말로 국어교육, 문학교육의 첫 단추이자 마지막 단추를 꿰는 것이라는 결론에 닿았습니다. 자신의 생각과 느낌을 말하고 쓰고, 다른 사람들의 생각과 느낌을 듣고 읽고, 다시 자신의 생각과 느낌으로 온축하는 것이야말로 문학교육의 궁극적인 지향이기 때문입니다. 그것이 곧 국어교육이고, 나아가 교육의 본질이기도 합니다. 그러니 '문학작품 읽어주기'는 단순히 국어교육의 다양한 방법 가운데 하나가 아니라 교육의 본질, 삶의 본질에 가 닿고자 하는 어기찬 노력과 분투의 과정입니다. 길게 에둘러 온 길에 비하면 너무도 단순하고 간명한 방법이 아닐 수 없습니다. 그럼에도 모든 진실은 언제나 단순함 속에 깃들어 있음을 되새겨봅니다.

다행히 2015년 개정 교육과정은 교과서의 틀을 넘어 '한 학기 한 권 읽기'를 권고하고 있습니다. 물론 한 학기에 한 작품만을 읽으라는 주문은 결코 아닐 것입니다. 적어도 한 권의 작품을 통해 책이 안겨주는 즐거움과 감동을 깨닫고, 나아가 새로운 작품 읽기로 뻗어나가기를 바라는 마음이 담겨 있습니다. 그리하여 궁극적으로 좋은 작품을 곁에 두고 쉼 없이 읽는 생애의 독자(lifelong reader)를 길러내고자 하는 마음일 것입니다. 그렇다면 그 첫걸음은 좋은 작품을 함께 나누는 '문학작품 읽어주기'여야 합니다.

이 책에는 왜 '문학작품 읽어주기'가 중요한지, 어떤 작품을 어떻게 읽어줄 것인지, 그리고 읽기 전과 중, 후에는 어떤 대화를 통해 아이들의 생각과 느낌을 확장하고 구체화할 수 있을 것인지 그 방법과 예시를 담았습니다. 수많은 선생님들과 함께 작품과 활동을 꼼꼼히 다듬었으며, 실제 교실에서 적용해 본 결과들이기에 아주 유용한 쓰임이 있으리라 생각합니다.

이제 우리도 국어를 가르친 지 100년이 넘었습니다. 그러나 여전히 학습지와 다를 바 없는 형태의 교과서를 전국의 모든 학생이 똑같이 읽고, 학습활동의 빈칸에 이미 정해진 정답을 채워 넣는 교육으로 시종하고 있습니다. 교과서가 많은 자료 중의 한 예시일 뿐이라고 아무리 강조해도 실제의 국어교육은 그 틀을 벗어나지 못하고 있는 실정입니다. 그럼에도 현실을 외면하거나 받아들이는 대신 지금도 변화를 모색하고 새로운 길을 밀어 나가는 많은 선생님들이 있습니다. 그 선생님들께 이 책이 좋은 지남이 되기를 바랍니다.

일일이 밝히지는 못했습니다만 함께 작품을 고르고, 활동을 짜고, 또 아이들의 반응과 실제 활동을 정리해 준 모든 선생님께 거듭 고마운 인사 올립니다.

2018년 여름

아동문학교육연구실 새길

본문의 구성 체제

Ⅰ 문학작품 읽어주기로 여는 국어교육 ············ 장 제목

국어교육은 안녕한가 ······························ 절 제목

● **문학작품 읽기** ······························ 항 제목

Ⅱ 1·2학년군 문학작품 읽어주기 ······················ 장 제목

1_1·2학년군 성취기준 ······························ 절 제목

이 절에서는 성취기준 통합의 방향을 제시한 후 각 학년군 성취기준과 특성을 설명하였습니다.

2_1·2학년군 성취기준의 재구성 ······················ 절 제목

이 절에서는 영역을 통합한 이후 중간 항목의 성취기준을 제시하는 것으로 기존의 성취기준들을 재구성하였습니다. 그리고 이를 귀납적으로 살펴 보았습니다. 예컨대 〈낱말과 문장〉은 글자, 낱말, 문장, 나아가 짧은 글까지의 언어 단위에 해당하는 성취기준들을 한데 모아 통합한, 중간 항목의 성취기준입니다. 여기에는 포함되는 성취기준들은 다음과 같습니다.

[2국02-01] 글자, 낱말, 문장을 소리 내어 읽는다.

[2국02-02] 문장과 글을 알맞게 띄어 읽는다.

[2국03-01] 글자를 바르게 쓴다.

[2국03-02] 자신의 생각을 문장으로 표현한다.

[2국03-03] 주변의 사람이나 사물에 대해 짧은 글을 쓴다.

[2국04-02] 소리와 표기가 다를 수 있음을 알고 낱말을 바르게 읽고 쓴다.

[2국04-03] 문장에 따라 알맞은 문장 부호를 사용한다.

이 중간 항목의 성취기준은 이후 〈수업〉에서 질문/활동과 연결되며, 해당 작품과 성취기준이 서로 연결되는 고리를 이룹니다.

그리고 이 아래에 제시된 〈관련 단원〉은 기존의 성취기준이 주요한 학습

목표가 되는 단원입니다. 읽기 전, 중, 후 활동에 제시된 질문/활동을 확인하고, 이와 연결된 관련 단원을 교과서의 재구성에 활용할 수 있도록 하였습니다. 현재 5·6학년군의 교과서가 아직 발행되지 않아 추후에 보완할 것입니다.

3_1·2학년군 문학작품 읽어주기의 실제 …………………… 절 제목

● **주의할 점** …………………………………………………… 항 제목

이 항목은 각 학년군에 대한 기초적인 안내를 담고 있습니다.

01.『똥방패』 ……………………………………… 읽어줄 작품의 제목 및 서지

● **수업에 앞서**

이 항목은 작품에 대한 개괄적인 정보를 제시하고, 작품의 특성을 제시하였습니다. 그리고 끝에 [생태, 친구]라고 제시된 내용은 때로는 그림책, 동시, 판타지 등 장르를 제시하기도 하고, 교과를 가로지르는 통합을 위한 작품의 화제를 제시하고 있습니다. 여기에서는 이 작품의 화제를 제시하였습니다.

● **수업**

읽기 전, 중, 후로 실제 수업에서 제시해야 할 질문을 정리하였습니다. 선생님들은 작품을 읽고 각자 나름대로 질문을 삭제하고 보충하며 수정할 수 있습니다. 그리고 질문에 따라 [낱말의 이해], [내용의 이해], [낱말과 문장], [대화하기], [상상하기] 등의 중간 항목의 재구성된 성취기준이 표시되어 있습니다. 그러니 한 작품 속에 여러 중간 항목의 성취기준들이 제시된 셈이며, 이를 바탕으로 교육과정 재구성의 근거를 마련하고자 하였습니다.

● **수업의 주안점**

이 항에서는 질문/활동의 의미를 제시하였으며, 반드시 수행되어야 할 주요한 활동을 적시하고자 하였습니다.

● **수업의 실제**

이 항에서는 앞선 〈수업〉에서 제시된 질문/활동에 따라 현장 선생님이 실제 수업을 한 예시를 기록한 것입니다. 〈수업의 실제〉는 학년군별로 몇 작품만 실제 이루어지는 예시를 확인하는 차원에서 제시하였습니다. 이대로 수업이 진행되는 것이 어떤 양상일지를 예측해 볼 수 있을 것입니다. 그리고 아이들이 선생님의 질문에 어떻게 반응하는지 구체적으로 확인할 수 있도록 반응을 상세하게 제시하였습니다. 또한 〈*에필로그〉를 통해 수업이 진행된 다음 선생님의 느낌을 간단하게 첨부하기도 하였습니다.

참고 작품 목록

1단계 : 이 책에서 활용한 작품들

2단계 : 작품 읽어주기를 보완하는 작품들

여기에 제시된 작품들은 언제든 학년군에 따라 수업으로 전환될 수 있는 작품들입니다. 실제 선생님들이 질문을 구안하고, 수업을 하면 좋을 것입니다.

3단계 : 심화된 사고를 촉발하는 작품들

여기에 제시된 작품들은 그림책, 옛이야기 등 장르를 대표하는 작품들과 함께 새로운 관점에서 현실을 바라보는 도전적인 주제를 담고 있는 작품들입니다. 기존의 작품들과 다소 결이 다르지만 전형적인 작품들, 실험적인 작품들, 전복적인 주제를 담고 있는 작품들을 소개하고자 하였습니다.

4단계 : 더 읽어도 좋을 작품들

여기에 제시된 작품들은 주관적이지만 좋은 작품들이라고 평가될 수 있는 작품들을 모았습니다. 선생님들이 차근차근 읽으면서 우리 곁에 있는 아동문학이 얼마나 감동적인 작품으로 가득 차 있는지를 체험하고, 이를 우리 아이들에게 안내할 수 있었으면 좋겠습니다. 물론 여기에 제시되지 않은 작품들 가운데에도 좋은 작품들은 차고 넘칠 것입니다. 그 작품들을 찾아나서는 길에서 함께 만나기를 바랍니다.

I

문학작품 읽어주기로 여는 국어교육

국어교육은 안녕한가?

교사인 우리는 교단을 지키는 사람들입니다. 그리고 교단에서 이루어지는 가장 중요한 일은 당연 수업입니다. 수업이야말로 우리가 늘 하는 일이며, 그러니 가장 잘할 수 있는 일이어야 합니다. 세상을 바꾸는 일도, 아이들과 소통하는 일도 수업을 통해 이루어져야 합니다. 교사라는 직업의 직(職)은 교사이겠지만 업(業)은 가르치는 일일진대 직분에 맡겨진 그 업을 제대로 해내지 못한다면 어찌 좋은 교사라 할 수 있겠는지요?

애초 선생님들의 꿈 역시 그저 단순히 선생님이란 직을 얻는 것은 아니었겠지요. 장래 희망을 묻는 질문에 소박하게 '선생님이요.'라고 했던 대답 속에는 그저 직을 얻는 것이 아니라 '좋은 선생님'이 되고 싶은 본질적인 업에 대한 기대 또한 강렬하게 내재되어 있었던 것이 아니었나요? 그리고 좋은 선생님이 어느 시점에 완성태로 존재하는 것이 아니라 쉼 없이 전진하는 형성태라면 우린 또 하루하루 가르치는 일에서 기꺼이 배워가야 할 것입니다.

우리는 국어를 통해 세상에 말을 거는 사람이니, 국어교과만 이야기해 볼 수 있을 듯합니다. 국어수업 어떤가요? 재미있나요? 아이들과 함께 깔깔거리며 책을 읽고 이야기를 나누고, 그런 다음 무언가 마음속에 꽉 차올라 뿌듯한 느낌으로 슬며시 웃음을 감추지 못한 채 교실을 나서는지요? 다른 교과 수업이야 재미가 없으면 한 주에 한 시간 혹은 두 시간 꾹 참으면 되는데 국어가 재미없다면 어떠신가요? 국어는 마치 없는 집 제사 돌아오듯 매일매일 한 시간씩 떡 버티고 있습니다. 매일 돌아오는 그 시간, 국어수업 시간 어떻게 보내고 있는지요?

혹시 교과서와 지도서에 나와 있는 그대로를 가르치는 것으로 마른 밥 삼키듯 하루하루 메꾸어가고 있지는 않은지요. 이게 도대체 뭔가 싶으면서도 전문가들이 어련히 잘 알아서 만들었을까 생각하며, 이렇게 하라는데 그럴 수밖에 없지 않은가 투덜거리며, 그래도 어쩌지 못한 채 교과서 그대로 아이들을 가르치고 있는 것은 아닌지요. 그런데 과연 이 교육과정과 교과서, 또 교사용 지도서는 전문가들이 그동안 이루어 온 연구를 온축하고 또 온축하여 정성껏 지혜를 모아 만든 것일까요? 그에 대한 대답은 결코, 단연코 아니라는 것입니다.

교육과정은 잘 짜여져 있는가?

국어과 교육과정은 일제강점기를 제외하면, 미군정기 교육과정으로부터 시작됩니다. 미군정기에서 1차~7차, 2007년, 2011년, 2015년 교육과정 등 11차례 교육과정이 변화되었습니다. 이 가운데 지금과 같은 형태의 교육과정이 안착된 것은 이른바 5차 교육과정입니다. 5차 교육과정은 기능주의적인 교육과정으로 정평이 나 있습니다. 우선 국어교육의 목표 자체가 '언어 사용 기능의 신장'으로 설정되었습니다. 이전 교육과정이 지식을 중심에 두었다면 5차 교육과정은 언어기능을 전면에 내세우고, 그동안 국어교육의 중심항이었던 문학이나 문법을 각각 1/6의 지위를 갖는 하위 영역으로 팽개쳐버렸습니다. 물론 지식을 중심에 두고 문학과 문법을 가르친 기존의 국어교육 역시 국어교육의 정체성을 무시한 것이기는 마찬가지였습니다. 그러나 지식 중심의 교육을 바로잡기는커녕 문학과 문법 자체를 축소한 것은 목욕물과 함께 아이까지 버린 꼴이었습니다. 그 빈 통에 언어기능이 꽉 들어찬 것은 물론입니다.

그러나 '언어 사용 기능의 신장'이란 목표는 다음 교육과정인 6차 교육과정에서 달라집니다. 비판을 견딜 수가 없었기 때문입니다. 그 결과 '국어 사용 능력의 신장'으로 목표는 변화됩니다. '언어'가 '국어'로 바뀐 것은 국어과가 단순히 의사소통을 가르치는 것뿐만 아니라 모국어인 한국어를 통해 문화적인 정체성 또한 가르쳐야 한다는 당연한 자각 때문이었습니다. '기능'을 '능력'으로 바꾼 것은 언어가 조각난 기능의 산술적 합이 아니라 한층 포괄적이고 통합적인 전략으로서의 능력에 초점을 두어야 한다는 인식 때문이었습니다. 그러나 이렇게 목표를 바꾸었다고 해서 나아지지는 않았습니다. 여전히 기본 틀은 지금까지 전혀 달라지지 않은 채 이어지고 있기 때문입니다.

먼저 이 교육과정들은 국어과의 내용 영역을 6영역으로 나누었습니다. '듣기/말하기/읽기/쓰기/문법/문학' 등입니다. 그러나 사실 '듣기/말하기/읽기/쓰기'는 결코 분리하여 가르칠 수 없습니다. 억지로 떼어낸 것일 뿐입니다. 이를 통해 얻을 수 있는 것은 아마도 가르쳐야 할 교육과정 내용을 늘리고, 수업시수를 늘리고, 분화된 전공 영역을 늘리는 것밖에 없을 것입니다. 이점이 없음에도 국어활동의 실제와 동떨어지게 영역을 분리시킴으로써 기능주의를 벗어날 수 없게 만들었습니다. 심지어 교과서까지 초등학교에서는 말하기/듣기, 읽기와 쓰기 등으로 구분한 적도 있었습니다. 더욱이 이 교육과정들은 영역 사이에

벽을 둘러쳤을 뿐 아니라, 교육과정의 내용 또한 세목화하여 국어활동을 미시적으로 구획지었습니다. 말 그대로 수업을 통해 집을 짓는 방법을 알려주지 않고 계속해서 벽돌 한 장, 한 장을 가르치는 데에 급급하였던 것입니다. 더욱이 그 벽돌 한 장 한 장, 그러니 교과서 속 학습목표들은 그저 벽돌 한 조각일 뿐, 이 벽돌이 집 전체의 어떤 곳에 어떤 쓰임으로 자리 잡고 있는지를 묻지 않습니다. 또 이 벽돌들은 단원에 따라 어떤 연관도 없이 흩어져 있습니다. 내용 영역이 명확하게 분할되어 있기 때문입니다. 영역의 통합, 내용의 통합 없이 이루어지는 교육과정 개편은 아무리 횟수를 거듭하더라도 무의미합니다. 계속 모래 위에 집을 짓고 있는, 아니 벽돌을 만지작거리고 있는 셈이기 때문입니다.

국어교육은 듣고 말하고 읽고 쓰는 활동의 뒤에 버티고 선, 삶과 현실, 역사와 문화 등 모든 인간적 실천과 연결되어야 하며, 그 연결 속에서 영역과 내용을 통합해야만 비로소 온전해지는 법입니다. 지금에 와서 교육과정의 내용은 점차 통합되어 그 숫자가 많이 줄어들었습니다. 그러나 여전히 체계 자체는 온존하고 있습니다. 백 번 양보하여 교육과정은 그럴 수밖에 없을지도 모릅니다. 내용 영역은 나뉘어야 하고, 내용 요소들 역시 위계에 따라 분리되어야 할 것입니다. 그러나 교육의 실제는, 그 실제를 구성하는 교과서는 결코 그렇게 되어서는 안 되는 것입니다. 무엇보다 국어활동의 실제와 교육은 최대치로 서로 부응해야만 합니다. 적어도 교과서만큼은 최대한 영역을 활동의 실제에 맞게 결합해야 하며, 내용 요소 곧 성취기준을 가능한 한 최대치로 통합하여야 합니다. 거듭 말하지만 교과서는 국어활동의 실제와 조응해야만 합니다.

가장 큰 문제는 교과서!!!

교육과정이 기능적이라고 해서 교육 또한 기능적으로 이루어지는 것은 아닙니다. 교육과정은 설계도라고 할 수 있습니다. 설계도는 세밀할 수 있고, 층마다 방마다 분할되어 제시될 수 있습니다. 그러나 정작 교육이라는 실제의 활동에서 설계도가 겉으로 드러날 필요는 없습니다. 교육은 집이 아니라 집이 제공하는 공간 속에서 이루어지는 사람들 사이의 삶입니다. 따라서 공간이란 삶의 쓸모와 이어지지 않으면 안 됩니다. 삶의 쓸모로 공간을 활용하면 되는 것이지 계속 설계도를 통해 공간 자체의 건축 구조를 익힐 필요는 없는 것입니다. 그러나 우리 교과서는 전적으로 교육과정만을, 삶을 팽개친 채 건물의 구조만을 기계적으로 반복하고 익히도록 만들어져 있습니다. 마치 설계도를 매일매일 확인하며 건축학을 공부하고 있다는 것입니다. 이는 읽기를 배우고 익히지 않고, 읽기가 무엇인지를 거듭 배우는 것과 다를 바가 없습니다. 이제부터라도 읽기를 위한 읽기가 아닌, 삶을 위한 읽기로 바꾸어내야 할 것입니다.

교육과정의 내용에 따라 교과서는 단원을 구성하고, 단원은 둘 혹은 세 개의 내용을 기계적으로 결합하여 배치합니다. 결코 교과서의 모습이라고 할 수조차 없는 지경입니다. 그저 학습지를 묶어서 편집한 것일 따름입니다. 그럼에도 교과서 제작의 책임자들은 교육과정을 재구성하여 교과서를 만들 생각은 하지 않고, 오히려 자신들의 교과서가 재구성을 기다리는 교과서라고 강변하며, 교사들의 부담으로 돌리고 있습니다.

그렇게 만들어진 교과서는 결코 재미있는 자료가 될 수 없습니다. 의미 있는 자료도 아닙니다. 그저 매 시간마다 무언가가 이루어지고 있다는 착각을 불러일으킬 뿐입니다. 여담이지만 언젠가 초등학교 6년 동안 국어교육을 하지 않으면 어떻게 될까 생각해본 적이 있습니다. 낱자 익히기, 문장 쓰기 등의 기본적인 지식을 제외하고 이른바 기능 영역이라고 하는 '듣기/말하기/읽기/쓰기'를 가르치지 않으면 어떻게 될까 하는 것입니다. 안타깝지만 6년 내내 배우지 않아도 초등학교를 졸업할 즈음이면 열심히 맹목적으로 배운 아이들과 그다지 차이가 나지 않을 것이란 불길한 예감에 사로잡히곤 한답니다. '시에서 반복되는 말을 찾는다.', '이야기의 처음, 중간, 끝을 안다.', '주장과 근거를 안다.'를 가르치지 않아도 어쩌면 아이들은 일상적인 국어활동 속에서 이들 내용들을 저절로 알게 될 것입니다. 국어로 이루어진 삶 속에서 충분히 배워 알고 사용하게 될 것이라는 사실입니다.

이렇게 기능적으로 교과서가 이루어져 있을지라도 담고 있는 제재와 주제만이라도 온당하다면 그나마 가르칠 의미는 충분할 것입니다. 그러나 안타깝게도 교과서는 분량이 제한적인 나머지 좋은 작품이나 좋은 글이 실릴 여지가 없습니다. 고학년의 경우라고 해서 다를 바가 없습니다. 고작해야 10페이지 남짓 되는 교과서 단원의 분량에 맞는 작품은 어디에도 없기 때문입니다. 그러니 조각난 글을 싣거나 애초 분량이 길지 않은 옛이야기가 실릴 따름입니다. 더욱이 내용, 곧 성취기준에 따라 단원이 짜여 있기에 성취기준을 충족하는 글들이 실리고 있습니다. 비유적 표현을 가르치는 단원에서는 비유적 표현이 나타나 있는 시를 실을 것입니다. 그것이 뛰어난 시인지 감동을 주는 시인지는 그다지 중요하지 않습니다. 성취기준을 충족시키면 되기에 그 작품의 온전한 모습이 어떤지도 중요하지 않은 것입니다.

그러니 국어교육을 제대로 하려면 무엇보다 먼저 교과서를 버려야 합니다. 영역으로 나뉜 단원들과 정해진 성취기준을 8차시, 10차시에 걸쳐 단순 반복하면서, 의미도 재미도 없는 제재를 통해 배우고 가르치는 일을 당장 그만두어야 합니다. 그리고 그 빈자리를 제대로 된 문학작품으로 채워야 합니다. 그 빈자리가 문학작품이 되어야 하는 까닭은 여러 가지입니다.

문학작품이야말로 국어교육의 중심!

먼저 문학작품은 가장 정교한 언어로 이루어진 언어예술입니다. 그러니 그것을 모범으로 삼아 국어를 가르치고 배워야 한다는 것은 당연한 전제입니다. 정확하고 적절하게 사용된 맥락 속의 언어를 우리는 문학작품에서 발견합니다. 더욱이 문학작품의 언어는 창조적인 언어입니다. 규범을 벗어나 창조적이라기보다 새로운 함축적 의미를 담고 있기 때문입니다. 예컨대 '강아지 똥'은 쓸모없고 보잘것없는 것이지만 권정생의 「강아지 똥」을 통해 꿈을 품고 있는, 노란 민들레꽃 한 송이를 피워 올리는 거름의 의미, 부활의 의미를 얻게 됩니다. 그것은 오직 권정생만의 독창적인 창조적 쓰임입니다. 이를 통해 우리는 세상을 보는 새로운 눈 하나, 새로운 의미 하나를 갖게 됩니다. 창조성의 진짜 의미는 이런 것이어야 합니다.

또 문학작품에는 언제나 맥락 안에서 사용된 언어가 존재합니다. 모든 문학작품 속에는 말하는 사람이 있습니다. 인물이든 서술자든 시적 화자든 그 말하는 사람은 언제나 특정한 상황 속에서 말을 합니다. 국어를 배우는 가장 바람직한 방법은 실재하는 언어를 배워야 합니다. 그리고 실재하는 언어는 특정한 맥락 속에서 특정한 화자/필자가 사용한 언어입니다. 문학은 맥락이 살아있는 언어자료입니다. 그 맥락 안에서 인물, 서술자, 시적 화자가 말을 하고 있는 것입니다. 맥락을 알고, 그 맥락을 말/글을 사용하는 사람이 어떻게 해석하며, 그 맥락을 어떻게 끌어당겨 바꾸어 나가는가 하는 모든 것이 문학작품 속에는 생생하게 드러나 있습니다. 따라서 문학은 맥락이 구체적이지 않고, 말하는 사람도 불명확한 그 어떤 언어자료보다 실제에 가까운 살아 있는 언어자료입니다.

또 문학작품은 의미 있는 언어자료입니다. 문학작품에도 다소 독특한 방식이기는 하지만 설명이 있고 주장이 있습니다. 다른 언어자료와 다를 바가 없습니다. 그러나 그뿐만 아니라 문학작품 속에는 무엇이 삶에서 중요한지 일정한 관점을 담고 있습니다. 인물들은 좌충우돌하며 어떤 선택을 합니다. 그것은 삶에 관한 선택입니다. 문학은 경험을 함께 나눌 수 있게 합니다. 더욱이 문학작품을 통해 겪는 경험은 고통과 상처를 남기지 않는 경험입니다. 문학작품은 우리의 경험과 나란히 마주선 채 거듭 삶의 의미를 되묻습니다. 의미 있는 실재적인 언어 자료, 그것은 가장 이상적인 국어활동의 자료인 것입니다.

물론 이밖에도 문학작품은 예술로서의 가치 또한 지니고 있습니다. 문학작품은 마음의 근육을 단단하게 하며, 공감할 수 있는 힘을 건네줍니다. 다른 사람, 다른 존재의 처지에서 생각해보는 것은 교과의 경우 오직 문학교육을 통해서만 가능합니다.

문학작품으로 국어교육을 새롭게 구안하자!

문학작품을 중심에 두고 국어교육을 하자는 것은 그 밖의 국어활동과 문법을 배제하고자 함이 결코 아닙니다. 작품에 따라 국어활동과 문법은 얼마든지 결합하여 가르칠 수 있습니다. 저학년들에게 문법적 정확성이 중요하다면 받아쓰기나 발음에 유의하며 작품 읽기를 가르치면 됩니다. 설명하기는 이야기의 줄거리를 설명할 수도 있고, 읽은 책에 관해 설명할 수도 있습니다. 주장하기 역시 다르지 않습니다. 문학작품에 담긴 주제야말로 작가의 주장이기 때문입니다. 이 주장이 타당한지 아닌지 토의/토론을 통해 자신의 주장을 표현하고 남의 주장을 들어보면 됩니다. 문학작품을 가운데 두고, 문학작품을 읽고, 읽으며 모르는 단어나 문장을 이해하고, 문학작품에서 촉발된 주제와 경험에 관해 쓰고, 문학작품에 관해 말하고, 작품과 함께 다른 친구들이 말하는 것을 듣는다면 국어교육은 문학과 문법, 듣기/말하기/읽기/쓰기를 동시에 병행하여 배우고 가르치게 되는 것입니다. 영역의 통합이 저절로 이루어지는 셈입니다.

성취기준도 통합할 수 있습니다. 한 단원에 두 개의 성취기준을 고립된 채 배우는 것이 아니라 한 작품을 함께 읽으며 작품 곳곳에 흩어진 다양한 언어들을 통해 다양한 성취기준을 동시에 가르치고 배우는 것입니다. 벽돌 한 장이 아닌, 집 짓는 법을 작품을 통해 배워나가면 됩니다. 언어는 그 이면에 의미를 두고 있으며, 의미의 저편에는 또 인간이 놓여 있습니다. 의미와 인간을 배제하고 언어의 조각난 형식에만 매달린다면 어찌 그것을 교육이라고 할 수 있겠는지요. 하나의 성취기준만으로는 의미와 인간에까지 도달하기 어렵습니다. 그렇지만 문학작품을 읽으며 관련된 성취기준들을 모두 실행해본다면 의미에도, 인간에게도 도달할 수 있을 것입니다.

그럼 문학작품을 중심에 두고 무엇을 어떻게 해야 할까요?

- **문학작품 읽기**
- **문학작품 읽어주기**
- **문학작품 이야기하기**
- **문학작품 토의/토론하기**

● 문학작품 읽기

먼저 아이들은 1학년부터 6학년에 이르는 전 기간 동안 문학작품을 꾸준히 읽어나가야 할 것입니다. 한 학기에 한 작품? 그건 최소한의 출발선일 뿐입니다. 국어교육을 제대로 하고자 한다면 그림책, 동시, 동화, 옛이야기 등 가릴 것 없이 닥치는 대로, 읽고 싶은 것들을 성장기의 누에가 왕성하게 뽕잎을 먹듯, 그 먹는 소리가 장대비 쏟아지는 소리처럼 들리듯 읽어가야 합니다. 우리가 읽기를 가르치는 것이 책을 읽기 위함이라고 한다면 읽기가 무엇인지를 가르칠 것이 아니라 읽게 하면 되는 것입니다. 읽기를 배우는 것이 아니라 삶을 배우기 위한 읽기라는 올바른 방향을 잡아야만 합니다. 거듭 새로운 문학작품들을 읽으며, 삶에 대해 배워야 합니다. 언어는 그렇게 배운 삶에 대해 이해하고 표현하는 활동 그 이상도 이하도 아닙니다.

읽기 교육의 목표는 무엇보다 생애의 독자를 길러내는 것입니다. 그러자면 아이들의 책 읽기는 재미있고 즐거운 또 뜻깊은 경험이어야 합니다. 그러니 스스로 고른 마음에 드는 책은 물론이거니와 선생님이나 부모가 권하는 좋은 책을, 좋은 문학작품을 쉼 없이 읽어나가야 합니다. 학교는 그 시간을 마련해주어야 하며, 그 환경을 만들어주어야 합니다. 선생님이라면 학급문고를 좋은 책으로 가득 채워야 합니다. 매년 학급을 옮길 때마다 힘든 책 이사를 해야 합니다. 4년마다 학교를 옮겨야 한다면 이삿짐 트럭을 부를 정도는 아니라도 혼자서는 도저히 옮길 수 없을 분량의 책을 옮겨야 마땅할 것입니다. 학교도서관의 책들도 잘 살펴야 합니다. 가능하면 좋은 문학작품들이 독자인 아이들의 손에 언제나 가깝게 닿을 수 있게 배려해야 합니다.

● 문학작품 읽어주기

그다음은 수업 시간, 도서관 활용 수업, 창의적 체험활동 시간 등 틈나는 대로 문학작품을 읽어주어야 합니다. 문학작품 읽어주기는 국

주어야 합니다. 그럴 때 우리 아이들이 문학을 보는, 삶을 대하는 모습이 달라질 것입니다.

● 문학작품 이야기하기

다음으로는 책 이야기하기입니다. 이는 읽은 책을 설명하는 것입니다. 여럿이 함께, 혹은 혼자서 내가/우리가 무슨 책을 읽었으며 그 책은 이러저러한 점에서 좋거나 부족하다고 다른 친구들에게 설명해주는 것입니다. 목적이 읽은 책 자랑이 아니라, 다른 친구들이 그 책을 읽었으면 하는 것이니 스포일러가 되지 않도록 주의를 시킵니다. 한 달 정도 여유를 두고, 책을 돌려 읽고, 책을 선정하고, 책에 관해 무엇을 설명할 것인지를 정하고, 마침내 보드판 크기의 지면에 내용을 제시하고, 여러 친구들 앞에서 그것을 발표하는 것까지 프로젝트 수업을 하면 맞춤이랍니다. 그 밖에도 그저 말로 설명할 수도 있고, 16절지에 간단히, 아니면 독서신문의 형태로 만들 수도 있을 것입니다. 이를 바탕으로 말하기에 초점을 맞추어 설명하도록 하면 이 또한 다양한 영역을 통합할 수 있게 됩니다.

• 책 이야기하기 만들기

1. 신문용지 크기의 보드판 4장을 준비하여 서로 이어 붙인다.

2. 1·2면을 앞면으로 사용하여 책 제목과 작가, 인상적인 장면을 넣는다.

3. 앞면을 펼쳐 3·4·5·6면을 이용하여 다양한 방식으로 읽은 작품에 관해 설명한다.

4. 모둠별로 역할을 나누어 책 이야기를 한다.

● 문학작품 토의하기

그렇지만 뭐니 뭐니 해도 문학작품으로 할 수 있는 가장 이상적인 활동은 토의입니다. 작품에는 장면에 따라 혹은 작품 전편에 걸쳐 쟁점이 되는 의제들이 등장합니다. 논제를 정하고, 이에 맞게 소모임으로 혹은 전체가 함께 작품을 해석하거나 평가하거나, 작품이 제기하는 문제들을 논의해볼 수 있습니다. 물론 문학작품 읽어주기는 자연스럽게 모두가 같은 작품을 읽는 것과 같은 효과가 있으니, 문학작품 읽어주기의 읽은 후 활동으로 토의가 적합할 것입니다.

토의는 가장 이상적인 국어활동입니다. 자신의 관점을, 자신의 언어로 말할 수 있다는 것은 민주 사회의 시민으로 살아가기 위한 필수적인 자질일 것입니다. 어쩌면 초등학교에서 배워야 할 가장 바람직한 가치가 사람은 저마다 다르다는 것이라면, 토의만큼 그에 적합한 활동은 없습니다. 하나의 정답만을 가르친다면 그 교실은 아는 아이와 모르는 아이로 차별이 생기겠지만, 정답이 없거나 함께 찾아가는 토의라면 우리는 새삼 사람들이 다 다르게 생각하는구나 하는 차이를 내면화할 수 있게 될 것입니다. 토의는 너무나 중요한 나머지 문학작품 읽어주기 속에 최대한 끌어안아야 합니다.

이들 여러 활동들은 순차적으로, 또 중심적인 활동으로 삼아 진행되어야 합니다. 먼저 1·2학년군에서는 문학작품 읽기와 문학작품 읽어주기, 3·4학년군에서는 여기에 덧붙여 문학작품 이야기하기, 5·6학년군에서는 또 덧붙여 문학작품 토의하기가 지속적으로 이루어져야 합니다. 물론 필요하다면 소박한 차원에서라도 1·2학년군에서 문학작품 토의하기도 해야 합니다. 문학작품이 적절한 의제를 설정해준다면 어린 학년이라고 해서 굳이 마다할 이유가 없겠지요.

문학작품 읽어주기, 어떻게 해야 할까?

문학작품 읽어주기에서 가장 중요한 것은 읽어주는 문학작품입니다. 아이들의 발달에 맞고, 재미와 감동을 줄 수 있는 작품이어야 합니다. 물론 재미와 감동은 주관적인 나머지 사람마다 다를 수 있습니다. 그러나 교사인 내가 작품을 보는 안목이 부족해서 고만고만한 작품을 읽어줄 수밖에 없다면 그것은 아주 큰일입니다. 사실 이런 안목은 교육대학교에서 가르치고 또 배웠어야 했는데 우리는 동화책 한 권 제대로 읽지 않고, 그림책이 무엇인지도 모른 채 대학을 졸업하고 말았습니다. 이제라도 동화를, 그림책을, 동시집을 읽어야 할 것입니다. 아이들에게 돌려주어야 하기 때문입니다. 어쩌면 아는 동화가 없어서 우리는 울며 겨자 먹기로 교과서를 그대로 가르칠 수밖에 없었는지도 모릅니다. 그러나 이제 새롭게 시작해야 합니다.

그나마 다행인 것은 가르치는 일이 한 해, 두 해에 끝나지 않으리라는 점입니다. 아마도 10년, 20년, 30년을 더 가르쳐야 한다면 어쩌면 지금이 너무 늦은 때는 아닐 것입니다. 지금부터라도 읽고 또 읽어야 합니다. 배우지 않으면 가르칠 것 또한 금세 메말라버린다는 것은 새삼 말할 것도 없는 진실입니다. 그러니 가르치기 위해 배워야하며, 가르치며 배워야 합니다.

좋은 작품이 준비되었다면 모형에 맞게 책을 읽어주고, 틈틈이 멈춰서 질문하고, 아이들과 대화할 수 있으면 됩니다. 어렵지 않은 일이지요. 모형 역시 우리가 너무나 잘 알고 있는 교수학습과정안과 그리 다르지 않습니다.

- **읽기 전 활동**
- **읽는 중 활동**
- **읽은 후 활동**

이 단순한 모형은 굳이 모형이랄 것도 없을 정도입니다. 그러나 여러 이론가들이 마침내 도달한 결론이기도 합니다.

'읽기 전 활동'은 작품을 읽기 전에 읽을 준비를 갖추는 것입니다. 배경지식을 활성화하고, 작품의 제재 혹은 주제와 아이들의 경험을 서로 연결하는 일입니다. '읽는 중 활동'은 작품마다 다르겠지만, 내용에서 이끌어낼 수 있는 생각의 거리들과 함께 성취기준과 관련된 활동이 가능한 대화를 촉발하는 활동입니다. 주로 문학작품에 관련된 활동으로는 심리와 정서를 추론하기와 사건 예측하기 등이 중심이 됩니다. 그 밖에도 문법, 쓰기, 말하기 등의 영역과 관련된 활동을 구안할 수도 있습니다. '읽은 후 활동'은 느낀 점 쓰기, 쓴 느낌 발표하기, 작품에 대한 평가 말하기, 인물의 선택 토의하기, 주제 평가하기 등 작품을 모두 읽고 난 다음 할 수 있는 활동입니다. 작은 활동과 함께 1차시 정도가 필요한 다채로운 활동이 가능하며, 교과를 가로지르는 활동 역시 기획될 수 있습니다.

교육과정을 재구성하자!

문학작품 읽어주기가 한층 뜻깊은 활동이 되려면 현재의 교육과정 속에 안착되어야 합니다. 그러지 못할 경우 문학작품 읽어주기는 교육과정이나 실제 이루어져야 하는 교육활동과 무관하게 동떨어지고 말 우려가 큽니다. 그저 개별 교사의 교육활동으로 국한될 염려가 있습니다. 무엇보다 문학작품 읽어주기가 곧 국어교육이며, 교육임을 명확하게 자리매김하기 위해서라도 교육과정과의 연결을 모색해야 합니다. 그러나 지금의 교과서처럼 문학작품과 교육과정의 성취기준을 일대일로 대응시키면 앞서 언급한 영역의 통합, 성취기준의 통합, 활동의 통합, 문학과 교육의 통합, 교육과 삶의 통합 등을 이루기는 난망합니다. 그렇게 되지 않으려면 교육과정 자체를 재구성해야 합니다.

교육과정 재구성의 방향은 무엇보다 분절된 영역과 성취기준을 통합하는 것입니다. 영역의 통합은 문학작품 읽어주기를 통해 저절로 이루어질 것입니다. 듣고, 말하고, 읽고, 쓰기를 매 작품마다, 시간마다 잘 안배하면 되는 것입니다. 그렇다면 성취기준은 어떻게 재구성해야 할까요? 현재의 교육과정이 학년군별로 되어 있으므로 다음 장들에서 학년군에 따라 세밀하게 살펴보는 것으로 잠시 미뤄두고자 합니다.

수업 예시

이제 이 모든 원칙들이 어떻게 구현되는지 구체적인 예시 작품을 통해 살펴보고자 합니다. 물론 이 수업은 초등학생들과 나눈 수업이 아니라, 교육대학교의 예비교사들과 함께 나눈 수업입니다. 작품이 던지는 의미로 미루어 볼 때 3학년이 적절한 학년일 듯싶어요. 물론 학년의 선택은 작품뿐만 아니라 활동의 성격에 따라 달라지기도 한답니다.

안녕하세요. 오늘은 선생님이 먼저 수업을 진행해 볼게요. 문학작품을 바탕으로 듣고, 말하고, 읽고, 쓰기를 동시에 진행하려고 해요. 물론 이 모든 활동의 기초는 함께 생각을 나누고 대화를 나누는 것이랍니다. 수업의 절차는 우리가 지금껏 배웠던 문학작품 읽어주기를 중심에 두고, 읽기 전과 읽는 중, 읽은 후로 나누었어요. 지금의 교실 수업과 어떻게 다른지 생각을 밀어가면 좋겠습니다.

이제 여러분은 초등학교 3학년 학생입니다. 이 강의실은 하늘초등학교의 3학년 달반 교실이고요. 3학년치고는 조금 많이 노안들이기는 하지만, 얼굴은 그저 뒤집어쓴 탈일 뿐이에요. 여러분이 쓰고 있는 탈 속에는 초등학교 3학년이 있답니다.

오늘 우리가 함께 읽을 작품은 『스티커 별』입니다. 다 같이 읽어할 셈인지 답답합니다.

온책 읽기가 물론 천천히 읽기와 똑같지는 않습니다만 학교 현장에서 오해가 있고, 그 오해에 바탕을 두고 교육활동을 진행하는 선생님들이 적지 않습니다. 방향을 문학작품 읽기와 문학작품 읽어주기로 명료하게 잡고, 교실 수업의 중심에 문학작품 읽어주기를 세워나가야 합니다. 물론 궁극적인 방향은 교과서를 버리는 것이며, 그 빈자리를 좋은 문학작품으로 채우는 것입니다.

Ⅱ

1·2학년군 문학작품 읽어주기

1_ 1·2학년군 성취기준

기존 교육과정의 성취기준을 재구성하는 것은 아주 중요한 작업입니다. 자칫 교육활동이 교육과정과 동떨어진 채 교사 개인의 취향에 따라 뒤죽박죽될 우려가 있기 때문입니다. 교육은 아무리 양보해도 위에서 아래로부터의 기획입니다. 교사가 자신의 관점과 철학에 따라 마음껏 요리해도 좋은 것은 결코 아닙니다. 더욱이 교육과정은 명시된 규정이기에 따라야만 하는 규범입니다. 그러나 현행의 교과서처럼 교육과정을 기계적으로, 있는 그대로 준용할 필요는 당연 없습니다. 우리가 따라야 할 것은 문서화된 교육과정, 그러니까 '2015년 국어과 교육과정'일 뿐입니다. 그것을 어떻게 교실에서 구체화할 것인지, 이 지점이 곧 교사의 전문성이 빛을 발하는 지점입니다. 그러자면 이른바 성취기준을 재구성하고 녹여내어야 합니다. 이 작품을 읽고, 이 활동을 함으로써 우리는 이 성취기준들을 충족시키고 있다고 당당하게 말할 수 있어야 합니다. 이 작품과 이 활동으로 하나의 성취기준을 10시간 반복하는 것이 아니라, 나는 10개의 성취기준을 수많은 작품을 통해 100시간 동안 운용하겠다고 말할 수 있어야 합니다. 여러 개의 성취기준들을 묶어서 함께 한 작품을 통해 활동으로 구현하고, 이를 다른 작품들을 통해 반복적으로 다루는 것입니다.

그러자면 성취기준을 가능한 한 통합적으로 재구성해야 합니다. 이를 위해 각 영역의 고유한 성취기준을 존중하고, 언어활동에 반드시 필요한 활동들을 포함시켜야 합니다. 예컨대 '자모의 이름과 소리값', '국어문화'의 경우 문법의 고유한 성취기준에 해당하며, '낱말과 문장',

1-2-10, 2-1-1, 2-1-2, 2-1-4, 2-1-5, 2-1-11, 2-2-5, 2-2-11

〈인사말〉

[2국01-01] 상황에 어울리는 인사말을 주고받는다.

관련 단원: 1-1-5, 1-2-6

〈말놀이〉

[2국05-03] 여러 가지 말놀이를 통해 말의 재미를 느낀다.

관련 단원: 1-1-2, 1-2-2, 2-1-4, 2-2-5, 2-2-6

〈국어문화〉

[2국01-06] 바르고 고운 말을 사용하여 말하는 태도를 지닌다.

관련 단원: 1-1-5, 1-2-6, 2-2-8, 2-2-10

이렇게 재구성하고 나면 기왕에 있었던 24개의 성취기준들이 9개의 성취기준군으로 줄어들게 됩니다. 게다가 성취기준군 가운데 아주 중요한 '한글 자모의 이름과 소릿값'을 독립적으로, 또 성취기준군에 따라 1개의 성취기준을 갖는 것들을 따로 설정한다면, 1·2학년군의 성취기준군은 고작해야 '읽기/쓰기의 방법', '내용 이해', '대화하기', '경험한 이야기', '상상하기' 등 5개의 성취기준군으로 추리고 추릴 수 있게 됩니다. 그러니까 우리는 문학작품 읽어주기의 전, 중, 후 활동을 하며 이 다섯 가지 성취기준군과 연결하고, 그 가운데 특정한 성취기준을 강조하면 되는 것입니다.

이렇게 재구성해놓고 보면 1·2학년군에서 가장 중요한 교육과정의 내용은 '한글 자모 익히기'입니다. 이는 아무리 강조해도 지나침이 없습니다. 자모를 익혀야만 읽기/쓰기가 가능해지기 때문입니다. 우린 우리의 할머니들이 자모를 배우지 못해, 예순이나 일흔이 넘어서도 한글학교에 다니는 것을 항용 보아왔습니다. 글을 깨치지 못한 것은 상상할 수 없는 삶의 큰 멍에입니다. 그러니 반드시 익힐 수 있도록 가르쳐야 합니다.

또 '낱말과 문장', 곧 읽기/쓰기의 기본이 되는 언어 단위를 가르치는 것도 중요하게 제시되어 있습니다. 어휘를 익히고 다양한 종류의 문장을 운용하는 방법을 배움으로써 국어활동의 바탕을 마련해주는 일입니다. 그러니 작품 읽어주기에서도 새로운 낱말은 맥락 안에서 이해할 수 있도록 생각할 시간을 주어야 할 것입니다. 이를 바탕으로 읽은 것, 쓴 것에 대한 '내용의 이해'로 확장되어야 합니다. 교육과정에서는 '내용의 이해'는 2학년의 중점 항목으로 배치되는 것이 바람직합니다. 왜냐하면 이들 초기 언어학습자들에게는 사실 쉽지 않은 내용이기 때문입니다. 1·2학년 아이들이 가장 힘들어 하는 질문은 무엇을 읽었느냐는 질문입니다. 아이들이 막 읽은 것조차 정리하지 못한 채 그저 줄줄이 나열하는 것이 대부분인 까닭도 여기에 있습니다. 그러니 내용 이해는 초등학교 전 과정을 통해 지속적으로 중요한 성취기준이 될 것입니다.

다음은 '대화', '이야기' 등 장르의 이해가 제시되어 있습니다. 대화야말로 가장 기초적인 국어활동입니다. 그리고 그 대화의 중심에는 직간접적으로 경험의 공유가 놓여 있습니다. 이 또한 지속적으로 이어가야 할 성취기준입니다. 이는 또 '국어문화'에서의 '바르고 고운 말'과 연결되기도 할 것입니다. 특별히 1·2학년군의 장르에는 '인사말'이 있습니다. 처음 학교생활을 시작하고, 처음 친구들을 만나는 과정에서 필요한 장르일 것입니다.

그리고 또 하나 '상상하기'가 있습니다. 이는 문학이나 읽기 영역과 관련되는 점에서는 장르이지만 활동의 측면에서는 '낱말과 문장'에 깃든 말하고 쓰는 주체의 마음을 상상한다는 점에서는 국어활동의 요소이기도 합니다. 우리는 이 성취기준이 문학작품을 통해, 특히 문학작품 읽어주기를 통해 가장 뚜렷하게 길러낼 수 있는 능력임을 잘 알고 있습니다. 그러니 이 성취기준들에는 무조건 좋은 작품으로 하위 성취기준 무엇이든 연결해내면 될 것입니다.

3_ 1·2학년군 문학작품 읽어주기의 실제

● 주의할 점

1·2학년군은 처음 초등학교에 입학하여 필요한 기초적인 국어능력을 길러야 할 때입니다.

무엇보다 앞으로의 국어활동을 위해 반드시 필요한 '정확한 이해/표현'이 집중적으로 터득되어야 할 때입니다. 한글 자모 이름값, 자모의 읽기와 쓰기, 낱말의 받아쓰기 등은 결코 놓쳐서는 안 될 중요한 내용들입니다. 얼마 전까지만 해도 사실 글자 익히기는 교육과정의 내용에서 배제되어 왔습니다. 대다수의 아이들이 유치원에서 이미 배워 알고 있다는 것이 그 근거였습니다. 그러나 그 대다수의 아이들이 도시의 중산층 아이들임은 자명할 것입니다. 초등교육은 의당 모두를 향해 열려 있어야 합니다. 이에 2015년 개정 교육과정에서 글자 익히기가 대폭 확장된 것은 참으로 반길 일입니다. 설혹 한글 자모를 모두 알고 있는 아이들이 대다수라면 작품을 통해 익힌 것을 다시금 되짚어보는 활동을 함께 병행해 나간다면 지루하지 않은 수업이 될 것입니다.

정확한 국어능력을 기르는 것과 함께 이 학년군에서 주목해야 할 것은 국어활동의 흥미가 가장 중요한 덕목이라는 점입니다. 문자를 익히고, 문자가 만들어내는 의미의 세계가 흥미진진하며 즐거운 경험임을 내면화할 수 있어야 합니다. 그러자면 무엇보다 문학작품에 기대는 것이 바람직합니다. 문학은 경험과 이야기를 담고 있기 때문입니다. 더욱이 잘 짜인 문학작품이라면, 공감을 불러일으키는 경험을 다루고 있다면 더할 나위 없을 것입니다.

특히 이 학년군에 가장 유용한 문학 장르는 그림책입니다. 그림책은 글과 함께 그림이 이야기를 끌어감으로써 내용의 이해를 북돋웁니다. 또한 그림 자체가 주는 소소한 즐거움도 아이들에게는 큰 기쁨을 안겨줄 것입니다. 글이 이야기하지 않는, 그림만이 풍부하게 보여주는 내용을 확인하게 함으로써 글과 그림이 함께 이야기의 씨줄과 날줄로 연결되어 있음을 알게 하면 좋을 것입니다.

01

『똥방패』

(이정록 글/김경수 그림), 창비, 2015.

● 수업에 앞서

똥방패는 똥을 방패삼아 자신을 지키는 애벌레 이야기입니다. '백학긴가슴잎벌레'라는 예쁜 이름을 가진 벌레의 애벌레입니다. 평화롭게 지내던 똥벌레의 똥방패가 소나기에 쓸려나가고 맙니다. 곤줄박이의 사냥감이 된 똥벌레의 친구들은 맨몸의 친구를 온몸으로 감싸고 저마다 아침똥을 친구에게 건네줍니다. '종합선물똥탑'을 받았지요. 행복한 결말로 끝나는 이 책은 어린 독자들에게 만족감과 웃음을 선사합니다. 무엇보다 친구를 위해 소중한 것을 내주는 우정이 자연의 순리 속에 잘 표현되어 있습니다. 선명한 색감과 뚜렷한 형태 또한 군더더기 없이 글을 떠받쳐주고 있는 좋은 그림책입니다. [생태, 친구]

● 수업

읽기전활동

오늘 우리가 함께 읽을 작품은『똥방패』예요. '똥방패'.

다 같이 따라 읽어볼까요?

그런데 방패가 뭐죠? [낱말의 이해]

그래요. 그럼 '똥방패'는 똥으로 만든 방패란 말이네요. 똥으로 어떻게 방패를 만들었을까? 궁금하죠? 책을 읽으면 알게 될 거예요.

그럼 책 표지를 볼까요? 주인공인가 봐요. 주인공이 누구인가요?

그래요. 애벌레네요. 그런데 여기 있는 애벌레 표정이 어때요? **[내용의 이해]**

왜 표정이 좋을까요? **[상상하기]**

그런데 왜 애벌레는 똥방패를 갖고서 좋아할까요? **[상상하기]**

여기 보이는 주인공 애벌레가 다른 친구 애벌레와 조금 다르죠? 뭐가 다를까요? **[내용의 이해]**

읽는 중 활동

'배내똥! 배내똥' 같이 읽어볼까요? 그럼 배내똥이 뭘까요? **[낱말과 문장]**

주인공은 누구인가요?

똥벌레가 정말 있나 봐요. 첫 똥을 자기 머리 뒤에 눈다네요. 왜 그렇게 할까요? **[상상하기]**

우리 애벌레가 말하는 걸 다 같이 읽어볼까? **[대화하기]**

– 똥덩어리를 벗어버리고 싶어! (다 같이 읽기)

그랬더니 옆에 똥벌레 뭐라고 해? **[대화하기]**

– 잡아먹히는 것보다 더러운 게 더 나아~. (다 같이 읽기)

"구멍 난 우산 밑으로 소나기가 들이쳐요."

얘만 지금 구멍 밑으로 비가 새고 있어. 어떻게 될까? **[상상하기]**

"일찍 일어난 새가 벌레를 잡지. 호잇!" 어떻게 되었을까? **[상상하기]**

이때 곤줄박이가 부리를 세워서 내리꽂아요! 어떻게 되었을까?

[상상하기]

지금 똥벌레 기분은 어떨까요? [상상하기]

읽은후활동

여기 이렇게 씌어 있네. 선생님이 읽어볼게. 백학긴가슴잎벌레….

(중략)

똥방패 재미있었어요?

–

가장 기억에 남는 장면을 이야기해볼까요?

–

만약 똥벌레한테 똥이 없었으면 어떻게 되었을까?

–

그럼 이 책에 나오는 낱말들로 받아쓰기를 해볼까요? [자모의 소리값]

– 똥방패, 애벌레, 배내똥, 곤줄박이, 내리꽂다, 종합선물똥탑, 백학긴가슴입벌레.

우리들의 똥벌레를 그려보고, 똥방패에 이름도 지어보자.

–

● **수업의 주안점**

아이들이 제일 좋아하는 것은? 먹는 것과 노는 것, 그리고 싸는 것이랍니다. 이 책은 똥과 놀이가 섞여 있다는 점에서 아이들이 좋아할 구석이 많은 그림책입니다. 그러니 책 읽어주기의 시작으로 더할 나위 없지요. 수업의 초점은 '똥방패', '배냇똥'처럼 모르는 낱말이 나왔을 때 그 의미를 추측해보는 활동, '어떻게 되었을까요?'에서처럼 읽기 중 맥락에 따라 이어지는 이야기를 예측해 보는 것도 내용 파악과 연결하여 바람직한 활동입니다. 물론 읽은 후 느낌을 공유하고(재미있었나요? 어떤 장면이 인상적인가요?), 자신의 느낌으로 그림책의 내용을 안착시키는 활동(애벌레 그리기)도 재미있는 활동이 될 것입니다. 그러니 '낱말 이해', '내용 이해', '예측하기', '느낌 표현하기' 등이 이 수업을 통해 기를 수 있는 성취기준이 됩니다. 참 그리고 1·2학년군의 경우 읽기 전·중·후 활동이 너무 많아 작품의 흐름을 방해할 수 있으니 가능하면 핵심적인 활동만을 간추려 수업하는 것도 중요합니다.

● **수업의 실제**

읽기전활동

제목이 뭐예요?

– 똥방패요.

방패가 뭘까?

– 막는 거

– 칼로 찌를 때 막는 거

– 다른 사람이 나를 죽이려고 할 때 막아서 나를 보호하는 것

– 뚜껑처럼 생겨서 나를 막는 것

– 누가 나를 다치게 할 때 나를 보호하는 것

– 누가 나한테 돌멩이 던지려고 할 때 막는 것

– (실내화 두 짝을 손에 끼고) 이건 실내화 방패예요.

여기 있는 건 무슨 방패?

– 똥방패

맞아. 똥으로 만든 똥방패야.

여기 있는 애벌레 표정이 어때요?

– 좋아요.

왜 표정이 좋은 것 같아?

– 방패가 있으니까.

– 멋지니까.

여기 있는 똥방패 좋아요?

– 아니요. 똥이에요.

– 별로예요.

그런데 애벌레는 똥방패를 갖고 왜 좋아할까?

– 친구가 생겨서

– 친구를 누가 때리려고 했는데, 자기가 방패로 친구를 때리지 못하게 해서 친구가 생겨서 좋아하는 것 같아요.

– 애벌레는 곤충이잖아요. 똥 때문에 벌레 친구들이 모여서 좋아하는 것 같아요.

– 얘가, 등껍질(똥방패)이 있으니까. 달팽이 친구들이 사이좋게 놀고 있었는데, 똥방패를 이렇게 위에 올려서 자기가 달팽이처럼 놀 수 있어서 잘

난 척하는 거예요.

여기에 보이는 친구 애벌레와 주인공 애벌레가 조금 달라요. 뭐가 다를까?

– 크기

– 표정

– 몸

읽는 중 활동

배내똥! 배내똥! 같이 말해볼까요?

– 배내똥~! 배내똥~!

– 우웩! 웩!

그런데 똥벌레는 알에서 깨자마자 배내똥을 쌀까?

– 안에서는 똥을 못 싸서요.

– 그게 똥벌레의 특징이에요.

– 똥이 더러워서요.

– 자기를 보호하기 위해서요.

– 똥을 싸고 싶으니까요.

검은 똥방패! 초코팡 똥방패! 우리는 어떤 이름을 지어줄까?

– 머리똥방패

– 몸방패

– 똥똥방패

– 뭉그러진 방패

– 질퍽한 방패

– 똥벌레 방패

– 더러운 방패

(근데 쟤네 표정이 왜 이래요?)

그럼 우리 애벌레가 말하는 걸 읽어볼까?

– 똥 덩어리를 벗어버리고 싶어! (다 같이 읽기)

그랬더니 옆에 똥벌레 뭐라고 해?

– 잡아먹히는 것보다 더러운 게 더 나아~. (다 같이 읽기)

"구멍 난 우산 밑으로 소나기가 들이쳐요."

얘만 지금 구멍 밑으로 비가 새고 있어. 어떻게 될까?

– 비 때문에 똥이 다 녹아서 새한테 잡아먹혀요.

– 어차피 지금은 비가 와서 새가 못 먹어요.

– 아침에 빨리 똥을 누면 괜찮을 것 같아요.

– 빨리 집으로 들어가요.

"일찍 일어난 새가 벌레를 잡지. 호잇!" 어떻게 되었을까?

– 다른 애벌레가 재 위에 올라가서 막아주면 되잖아요.

이때 곤줄박이가 부리를 세워서 내리꽂아요! 어떻게 되었을까?

– 피하면 되는데.

– 친구들이 도와줘요.

– 똥을 막 싸요.

– 새의 부리가 땅에 박힐 것 같아요.

– 새한테 잡아먹힌 다음에 새 몸에 똥을 싸요.

이건 종합선물똥탑이에요!

– 선생님 똥 노래 틀어주세요. (국악송 [응가송])

지금 똥벌레 기분은 어떨까?

– 똥을 선물 받아서 고마워요.

– 나만 가진 똥탑이라 좋아요.

발맘발맘! 으쓱으쓱!

흉내 내는 말이 재미있네.

흉내 내는 소리 발맘발맘은 들어본 사람?

– 저요. 그거 방울이 울리는 소리예요.

애벌레들은 방울이 없는데?

– 똥이 울리는 소리예요.

백학긴가슴잎벌레…. (중략)

– 번데기가 뭐예요?

읽은후활동

똥방패 재미있어요?

– 더러워요!

– 또 읽고 싶어요.

가장 기억에 남는 장면을 이야기해보자.

– 친구들이 똥을 줘서 재가 기뻐하는 장면요.

– 한 애벌레가 빗물 목욕하는 장면요.

– 맨 마지막에 굴속으로 들어가는 거요.

– 새한테 똥 코딱지 묻는 거요.

– 똥 얘기가 더러워요.

만약 똥벌레한테 똥이 없었으면 어떻게 되었을까?

– 다 죽었을 것 같아요.

우리들의 똥벌레를 그려보고, 똥방패에 이름도 지어보자.

– (후속 독서기록 활동)

(그리기 전) 똥벌레는 곤줄박이가 제일 무서웠는데, 넌 뭐가 제일 무서워?

– 귀신

– 형

– 엄마

곤줄박이는 자기를 보호하려고 똥방패를 만들었어.

넌 어떤 방패를 만들 거야?

– 이불로 덮고 있을 거예요.

– 기타 등등

02

『도대체 그동안 무슨 일이 일어났을까?』

(이호백 글/그림), 재미마주, 2000.

● 수업에 앞서

아이들은 상상하는 존재들입니다. 상상이 없다면 아이들의 마음속 풍경은 아주 단조롭고 쓸쓸할 것입니다. 미래를 상상하고, 일어났으면 하는 바람을 꿈꾸고, 모든 사물이 사람처럼 말을 한다고 생각하기도 합니다. 이 작품은 가족이 모두 집을 비운 사이 애완용 토끼는 어떻게 하고 있을까 하는 상상에서 시작합니다. 혹시 토끼가 사람처럼 베란다에서 나와 냉장고를 뒤지지는 않을까요? 평범하고 익숙한 공간을 배경으로 토끼의 동선을 따라가다 보면 저절로 웃음이 슬며시 새어나오게 됩니다. 더욱이 토끼처럼 작고 귀여운 동물을 아이들은 금세 자신과 동일시하고는 하지요. **[그림책, 상상놀이]**

● 수업

읽 기 전 활 동

오늘 읽을 책은 동물에 관한 이야기예요. 어떤 동물일까요?

우리 제목을 한번 읽어볼까요?

표지 그림 보면 무엇이 보이나요. 여기는 어디일까요?

도대체 무슨 일이 일어났을까요? **[내용의 이해]**

읽는 중 활동

2쪽 토끼는 문을 열고 무엇을 할까요? [상상하기]

–

8쪽 지금 토끼 기분은 어떨까요? [상상하기]

–

16쪽 토끼가 아무도 없는 빈방에서 아무도 모르게 한 일은?

–

29쪽 "아니, 왜 이렇게 집 안 구석구석에 토끼 똥이 있지?"

[낱말/문장 이해]

분위기 살려 문장 읽어볼까요?

–

읽은 후 활동

어떤 장면이 가장 재미있었나요?

–

사실 집 안 구석구석에 토끼는 토끼 똥을 싸 뒀어요. 다 같이 찾아볼까요? 장소를 정확하게 말해야 해요. [내용의 이해]

● **수업의 주안점**

아이들은 물활론적인 사고를 한다고 합니다. 모든 사물과 존재가 사람과 다를 바 없이 느끼고 생각한다고 하지요. 작품의 주인공인 동물이나 식물에 관한 깊은 친화력이 준비되어 있는 시기인 셈이죠. 이 수업은 초등 1학년이 언제나 그렇듯 특정한 성취기준보다 즐거움이 먼저입니다. 그러니 재미에 초점을 맞추고, 전반적으로 '내용의 이해'를 명확하게 파악하는 것만으로 수업의 의미는 충분할 것입니다. 나아가 그림을 자세하게 들여다보는 연습도 덧붙이면 좋을 것입니다. 그림 속에 표현된 디테일들을 글과 함께 연결시켜 의미를 파악하는 활동도 그림책 고유의 특성을 살린다는 점에서 수업의 초점이 되기에 손색이 없을 것입니다.

● **수업의 실제**

읽기전활동

표지를 보자. 표지에 무엇이 있어요?

– 토끼

– 텔레비전

– 책

– 선인장

– 전기 꼽는 데 콘센트

– 책상

– (비디오를 보며) 라디오

라디오?

– 옛날에 막 뭐지?

– 테이프?

– 비디오테이프

만화나 영화를 볼 때, 우리는 CD로 보지? 이건 비디오테이프야.

여긴 어딜까?

– 집, 거실

– 토끼네 집

– 영화관. 영화 제작하는 곳

제목을 읽어볼까?

– 도대체 그동안 무슨 일이 일어났을까?

– 글자가 야광이에요.

야광빛이 나는 연두색이네.

– 노란색인데.

노란색은 아니고, 다음에 펴서 나오는 색이 노란색이야.

도대체 그동안… 이게 무슨 표시일까?

– 토끼가 뛰어가는 거

– 연기

연기가 모락모락 났을 수도 있고, 토끼가 깡충깡충 뛰어갔을 수도 있겠네.

(다음 쪽을 넘기며) 짠! 조금 보이네~.

– 토끼가 엉덩이를….

그럼 우리 얘를 따라가봅시다!

– 귀여워요.

읽는 중 활동

"토끼만 혼자 남아 집을 보고 있어요."

– 집을 지키고 있는 거 아냐.

– 집을 보고 있다는 게, 지키고 있다는 건데.

– 저거 지네(토끼네) 집 아니에요?

얘네 집일까 아닐까?

"냉장고 문을 열고 뭐 먹을 게 없나 살펴보네요."

– 당근

– 당근을 좋아해.

"지금 토끼는 맛있는 밤참을 먹고 있어요." 밤참이 뭔지 알아요?

– 반찬

– 밥찬

– 밥 먹을 때도 밥만 먹으면 찐득찐득하고 맛이 없으니깐 같이 먹는….

– 당근이랑 양파

– 토끼가 냉장고에서 직접 꺼내 먹는 거요.

– 모든 재료를 밤찬이라고 해요.

글씨로 쓰면 이렇게 쓰는데 '밤참'(판서) 이게 뭘까?

– 아, 배고프다.

글씨를 보면 뜻을 알 수도 있을 텐데.

– 참치랑 관련된 거요.

– 먹는 밤으로 만든 반찬

– 밥 없이 먹는 거요.

– 물하고 같이 먹는 거요.

– 샐러드

– 밤과 참치

'밤' 글씨 밑에 별과 달을 그려줌

– 밤에 먹는 반찬

밤에 먹는 음식을 밤참이라고 해. (중략)

이때 토끼 기분이 어떨까?

– 재미있어요.

– 새우처럼 날아갈 것 같아요.

(화장대에 있는 토끼를 보고)

– 아주머니가 토끼한테 그동안 뭐 하고 있었는지 물어볼 거 같아요.

(한복 입은 토끼를 보고)

– 토끼가 커진 것 같아요.

언제가 돌이야?

– 아기 때

– 두 살 되기 전에 잘 살아온 거 잘 살아가라고.

돌은 태어난 지 1년 되었을 때니 아기가 작았겠지? 그래서 이 옷이 맞는 거야.

이번엔 누구 방으로 갔을까?

– 아이 방

(벽장에서 롤러를 발견한 장면)

– 인라인이다.

토끼는 이게 너무 타고 싶었거든~.

– 한 발로 타면 되지 않아요?

– 발을 모아서 타요.

토끼가 신기에는 너무 커 보이는데 스스로 갈 수 있을까?

(부엌으로 뛰어간 장면)

어떻게 움직일까? 부엌으로 가서 어떻게 했을까?

– 가위

– 칼

– 잘라요.

– 고무줄을 잘라서 고무줄을 다시 작게 만들어서.

토끼는 이게 무척 타고 싶었을 텐데, 이 집에 아무도 없어. 밀어줄 사람도 없어. 어떻게 하지?

– 그러면 높은 곳까지 토끼가 들고 가서 내려와요.

신발을 자를 순 없어요. 다른 도구를 이용해야 해요.

– 저 알아요. 저 진짜 알아요.

– 이때 주인 오는 소리가 들려서 원래 있던 자리로 갈 것 같아요.

– 스키 탈 때 그러는 거 있잖아요. (몸짓 흉내)

– 막대기 찾아서 삐용~. 내려갈 땐 상관없잖아요. 그러니깐 멈출 땐 슝슝슝 하고 타는 거.

(튀김용 젓가락을 찾아낸 장면)

– 젓가락 우아! 맞았다.

– 이렇게 이렇게.

(졸린 토끼 장면) 자러 어디에 가야 할까?

– 베란다

– 침대

– 옷장

지금까지 아줌마, 아저씨, 아이가 하는 걸 따라 했으니 어디로 갈까?

– 침대

– 아, 귀여워!

"베란다가 토끼집이에요. 토끼는 베란다 문을 닫고 아무 일도 없었다는 듯이 앉았어요." 근데 진짜 재미있는 일이 있어요. 이게 뭐예요?

– 똥

왜 토끼 똥이 있는지 알아요?

– 토끼가 지쳐서 싸놓은 거예요.

토끼 똥 싸는 거 봤어요?

– 봤어요.

– 못 봤어요.

읽은 후 활동

(처음 그림으로 돌아가서) 토끼 똥 봤어요?

– 네. 네!

지금부터 아무 말도 안 하고 그림만 보여줄 거야.

– 저기!

– 우아!

– (웃음) 또 있다.

– 어~ 또 있다.

– 아~ 있다.

또 어디에 있을까?

– 침대?

– (찾을 때마다) 아~!

– 왜 자꾸 아~ 하는 거야. 시끄러워~.

– (침대에서 똥 발견) 아, 더러워!

그리고 아무도 모르는 척 토끼는 앉아 있어요. 근데 우리는~?

– 알고 있어요~.

자, 제목 다시 읽어볼까요?

– 도대체 그동안 무슨 일이 있었을까?

이 책에서 가장 재미있었던 장면은?

– 토끼가 똥 쌌던 거

– 저는 막, 토끼가 롤러스케이트 탔던 장면

– 제일 예뻤던 장면이 화장했던 장면요.

– 침대에서 토끼가 자는 거요.

– 베란다에서 막, 문 닫고.

– 침대에서 똥 싸는 거요. 웃겼어요.

– 튀김막대기로 하는 거요.

– 토끼가 똥 싼 거

– 토끼가 지친 모습이 귀여웠어요.

– 토끼가 침대에 누워 있는 거요.

토끼가 어느 방에 갔는지 저는 기억할 수 있어요. 손!

– 저요!

– 엄마 방, 아빠 방, 아기 방, 화장대, 거실, 안방, 부엌

03

『심부름 말』

(김수정 글/백보현 그림), 도서출판 상, 2007.

● 수업에 앞서

『심부름 말』은 상상하는 즐거움을 잘 표현한 작품입니다. 심부름을 가는 아이가 말을 타고 다녀온다는 이야기입니다. 더욱이 상상을 일관된 흐름으로 지속적으로 이어간다는 점에서 상상의 힘을 보여주며 완결성을 갖추고 있기도 합니다. 작품은 섬세한 선과 명료한 형태, 사실적인 필치를 통해 경험적 현실과 이야기가 담고 있는 마음속 상상을 매끄럽게 연결하고 있습니다. 이 작품에서는 특히 면지의 활용이 돋보입니다. 그저 부드러운 본문 속지와 딱딱한 겉표지를 접착시키는 역할을 넘어, 이야기의 전후 현실적인 맥락을 면지의 그림을 통해 알려주고 있습니다. 실제 아이는 목마를 타다가 심부름을 다녀오고, 목마를 타고 싶다는 바람을 잘 표현하고 있습니다. 그러니 현실과 상상의 관계와 경계를 이 작품을 통해 파악할 수

있다면 그림책의 이해에 많은 도움이 될 것입니다. [그림책, 상상놀이]

● 수업

읽기전활동

여러분, 심부름이 뭐죠? 오늘은 심부름에 관한 이야기랍니다. 어떤 심부름을 가나요? 심부름 갔다 오라면 어떤 기분이 드나요? [대화하기]

–

책의 제목이 '심부름 말'이네요. '심부름 말'이 뭘까요? [낱말의 이해]

–

그러니까 이 주인공이 심부름을 갈 때 타고 가는 말인가 봐요.

여러분도 심부름을 갈 때 타고 가고 싶은 게 있나요? [대화하기]

–

주인공은 말을 타고 가네요. 정말 멋질 것 같아요.

그럼 그림을 볼까요? 아이는 어떤 아이인 것 같나요?

–

말 그림을 볼까요? 어떤 말인가요?

– (진짜 말 그림이 아니라 목마라는 걸 알면 정말 기쁠 텐데요.)

읽는중활동

2쪽 "나는 심부름하러 갈 때가 제일 좋아요."

왜 심부름하러 갈 때가 제일 좋을까요? [상상하기]

–

6쪽 "가자, 이랴!"

친구들도 말이 있으면 어떨 것 같아요? 심부름을 갈 때 타고 다닐 수 있는 말.

–(상상해보기. 더 구체적이라면 좋겠죠.)

13–14쪽 말을 타고 있는 펼침면 그림

지금 이 아이의 기분은 어떨까요? 말의 기분도 느낄 수 있나요?

–

18쪽 "어머, 그렇게 들고 가다 떨어뜨리겠다."

아이는 어떻게 들고 가고 있나요? 자 몸으로 표현해볼까요? [상상하기]

–

20쪽 "한 손을 들고 건너야지."

왜 아이는 한 손을 들고 건너지 않았을까요? [상상하기]

–

30쪽 마지막 면지를 볼까요? 이 그림은 무엇을 뜻하는 걸까요?

–(실제 경험, 그러니 상상놀이임을 알려준다.)

읽은 후 활동

재미있었나요? 무엇이 재미있었나요?

우리는 어떤 상상놀이를 하나요? [이야기하기, 대화하기]

상상하면 좋은 점이 무엇인가요? 좋지 않은 점도 있을까요?

'나의 상상놀이'라는 제목으로 짧은 그림일기를 써볼까요? [이야기하기]

● 수업의 주안점

아이들의 상상놀이를 잘 표현한 그림책입니다. 아마도 많은 이야기거리를 자아내는 작품일 것입니다. 아이들 역시 저마다 상상해 왔던 여러 일들이 있을 테니까요. 이 수업에서는 아이들 자신의, 자신들만의 상상놀이를 마음껏 펼쳐볼 수 있게 하면 좋을 듯합니다. 물론 작품을 읽으면서 하는 읽기 중 활동을 통해 '내용의 이해', '경험', '상상하기' 등의 성취기준들도 잘 충족시킬 수 있기도 합니다. 물론 초점은 상상하는 그 자체의 즐거움을 만끽하는 것입니다. 읽은 후 활동에서 자신의 상상을 그림일기로 표현하는 것은 놓칠 수 없는 종합적인 활동입니다.

04

『선생님은 몬스터!』

(피터 브라운 글/그림), 사계절, 2015.

● 수업에 앞서

아이들은 늘 새로운 상황에 마주칩니다. 학교도 아이들에게는 처음부터 편안하고 익숙한 공간은 아니었을 것입니다. 특히나 1학년의 경우라면 모든 것이 낯설고 두려운 공간이겠지요. 이 작품은 선생님과의 관계를 중심에 두고 있습니다. 이해하지 못한 채 낯설고 두려운 존재인 선생님은 몬스터, 곧 괴물로 표현됩니다. 그러나 둘은 우연히 공원에서 만나 소통하며, 서로의 진심을 알게 되지요. 그림은 글보다 더 많은 것들을 알려 줍니다. 특히 몬스터로 등장하는 괴물은 점차 부드러운 모습으로, 마침내는 원래의 모습으로 그려집니다. 말풍선을 활용하여 대화를 표현하는 등 만화풍의 그림이 인상적인 작품입니다. **[관계, 학교]**

● 수업

읽기전활동

여러분, 언제부터 학교에 왔지요?

– 3월요.

그럼 이제 한 달 조금 지났네요. 학교에 와보니 뭐가 재미있어요?

[대화하기]

–

그럼 싫은 건 없어요?

–

그래요, 그런데 선생님은 어때요? 선생님 무섭지 않아요? **[대화하기]**

–

오늘은 선생님을 무서워하는 친구 얘기를 들려줄게요.

제목이 뭐죠? 다들 큰 소리로.

– 선생님은 몬스터!

여기 작은 글씨는?

– 아니라니까.

몬스터가 뭐예요?

– 괴물딱지

표지 그림에는 무엇이 그려져 있나요? [내용의 이해]

– 아이, 선생님, 책상과 의자

어떻게 그렸어요? 선생님 책상과 아이 책상은 뭐가 달라요?

선생님은 어때요?

아이는?

어떤 내용일 것 같아요?

자, 과연 맞는지 읽어볼까요?

읽는중활동

(속표지) 아이는 기분이 어때요? 선생님은? [상상하기]

–

그래요, 둘 다 화가 잔뜩 났나 보네요.

선생님은 왜 바비한테 화가 났나요? [내용의 이해]

–

바비한테 선생님은 어떤 사람인가요? [내용의 이해]

(**tip!** 여기까지 도입부고 이야기는 다른 장면으로 전환되니, 충분히 얘기할 수 있도록 시간을 준다.)

–

"화들짝 놀랐어요."

왜 놀랐을까요?

–

"학교 바깥에서 선생님을 만나니까 기분이 진짜 이상해요."

그래요, 학교 바깥에서 선생님을 만나면 기분이 어떨 것 같아요?

–

"잡았어요."

선생님과 바비한테 무슨 일이 일어났나요?

–

"안녕히 가세요. 선생님."

읽다 보니까 그림이 좀 이상해졌어요? 어떤 점이 달라졌나요? [내용의 이해]

– 선생님 얼굴이 달라졌어요. 괴물에서 그냥 선생님이 됐어요.

왜 달라졌을까요? 선생님 얼굴이 바뀐 걸까요?

– 바비 마음이 달라졌어요.

이제 학교에서 다시 만나면 바비와 선생님은 어떻게 될까요?

–

자 그럼 마지막 장면을 볼까요?

읽은 후 활동

어때요? 재미있었나요? [대화하기]

–

그림책의 어떤 점이 재미있었나요? [대화하기, 내용의 이해]

–

공원에서 선생님과 바비가 함께 한 일은 무엇이었나요? [내용의 이해]

– 모자, 꽥꽥 놀이, 비밀 기지 함께 가기, 종이비행기 날리기

친구들에겐 괴물 같은 사람이 있나요? 괜히 싫고 무서운 것. 사람일 수도 아닐 수도 있겠지요. 그 괴물을 한번 그려볼까요? [이야기하기] 그 괴물이 누군지는 혼자만 알고 있도록 해요. 비밀이에요.

– 괴물 그리기

그래요 다들 정말 무섭게 그렸네요. 그런데 여길 한번 봐봐요.(책 속 표지 앞). 뭐라고 쓰여 있나요?

– "이해받지 못한 이 세상 모든 선생님들과/이해받지 못한 이 세상 모든 어린이들에게"

이해가 뭔가요? 바비나 선생님은 처음에 서로 이해하지 못했어요. 그러다 차차 이해하게 되었지요. 그래서 선생님 얼굴이 바뀌었어요. 그런데 혹시 여러분이 그린 괴물도 이해 받지 못해서 그런 것 아닐까요? 이해 받고 싶어 기다리고 있을지도 몰라요. 그리고 그 괴물도 친구들을 잘 이해하지 못하기도 하겠지요. 이해 받으려면 어떻게 해야 할까요? 답은 여러분이 각자 생각해 봐요. [내용의 이해]

● 수업의 주안점

처음 학교에 입학하여 여러모로 어려움을 겪는 3월 말이나 4월 초쯤이 읽어주기에 좋은 시점입니다. '계기수업'처럼 작품 역시 읽어주기에 적합한 시점이 있으니 함께 고려하면 좋을 듯합니다. 수업은 '내용의 이해'와 함께 전개될 내용 '예측하기', 덧붙여 선생님의 모습이 글에

서 언급되지 않아도 변화하고 있음을 알게 함으로써 글과 그림이 서로 보완적인 관계에 있음을 알게 하는 것이 중요합니다. 그리고 어렵겠지만 '이해 받는다'는 헌사를 중심으로 이해하고, 이해 받는 일의 소중함과 그러기 위한 과정에 어떤 마음가짐을 가져야 하는지도 가르칠 수 있기를 바랍니다.

● 수업의 실제

읽기전활동

(책 표지를 보고)

– 선생님이다. 몬스턴가 봐!

– (표지 하단 가운데 글씨를 보고) 출판사가 피터 브라운이네~!

피터 브라운이란 사람이 글과 그림을 그린 거고 출판사는 여기에 쓰여 있어. 사계절.

우리는 언제 학교에 왔지?

– 3월

우리가 같이 지낸 지 5개월째야. 학교에 오니 재미있는 게 있었어. 한 사람씩 얘기해볼까?

– 특기적성

– 책 읽는 거

– 수학 시간 게임

– 닭 잡기

– 친구들이랑 노는 거랑 수업 받는 거

– 독서기록장 쓰는 거랑 장구 치는 거

– 선생님이랑 한 생활이 다 재미있었어요.

– 돌봄에서 체육활동

학교에 와서 재미없었던 건 뭐가 있었을까?

– 없어요.

– 보라가 때린 거

– 특기적성 바이올린

– 방송 댄스

– 신서은이 때린 거

– 오카리나 시간

– 작가와의 만남 때 뭐 얘기해줄 때

– 난 그거 좋았는데!

그럼, 1학년 2반 김윤희 선생님은 어때요?

– 예쁘고 착해요.

– 상냥해요.

– 수업을 잘해서.

– 다 예뻤어요.

– 몬스터 닮았어요.

– 선생님이 학교 선생님 중에 제일 좋았어요.

선생님이 무섭지는 않았어요?

– 약간 무서웠어요.

– 코딱지만큼 무서웠어요.

– 전 없어요.

– 종헌이랑 누구냐, 선빈이 그때 불 끄고 얘기할 때 무서웠어요.

좋아, 그럼 빨리 읽어보자. 제목이 뭐예요?

– 선생님은 몬스터!

작은 글씨는?

– 아니라니까!!!

– 선생님은 몬스터 아니야!

책 표지에 뭐가 보여요?

– 책

– 학생이 1명만 있어요.

어떤 내용일 것 같아?

– 남자아이가 선생님이 무서워서 선생님은 몬스터 그러는 거 같아요.

– 선생님이 막 자기만 혼내니깐 화내는 것 같아요.

– 선생님이 막 얘한테 나쁘게 소리 지르고 혼내니깐 선생님은 몬스터 그래요.

– 앞 이야기는 어떤 이야기인지 모르겠지만, 뒷이야기에서 선생님은 몬스터가 아니라고 할 것 같아요.

– 선생님이 수업 시간에 말을 많이 해서 몬스터라고 하는 것 같아요.

– 빨리 읽어주세요.

읽는 중 활동

(속표지) 얘 기분이 어떤 것 같아요.

– 화가 났어요.

– 지친 것 같아요.

– 졸린 데 못 자게 한 것 같아요.

– (씩씩거리며) 선생님이랑 겨뤄서 짜증 난 것 같아요.

– 폭발할 것 같아요

선생님 기분은 어떨까?

– (책에서) 선생님은 안 보여요.

– 속상할 것 같아요.

– 안 좋아요.

– 빨리 넘어가요!

"놀랐어요." 왜 놀랐을까?

– 선생님을 만나서.

– 내 말이 맞지?

바비도, 선생님도 놀랐어요. *"바비는 도망치고 싶었어요. (중략) 큰 일 날 것만 같았어요."* 어떤 큰일?

– 비밀 기지

– 혼날 것 같아요.

"학교 바깥에서 선생님을 만나니까 기분이 진짜 이상해요." 학교 바깥, 덕정역 같은 곳에서 선생님을 만나면 어떨 것 같아?

– 좋아요.

– 옛날에 덕정역에서 엄마가 말해 줬는데, 유치원 선생님을 만났어요.

학교에서 만났을 때와 기분이 달랐던 사람 있을까?

– 저번에 놀이터 갔을 때, 3살 때 유치원 선생님 봤어요. 깜짝 놀랐고 좋았

어요.

– 당황했어요. 우리만 있을 줄 알았는데.

– 저도 코스트코에서 만났어요. 7살 때. 거기서 커피 먹었어요.

– 돌봄 선생님을 만났는데, 아는 척 안 했어요. 아닌 것 같아서요.

"놓치면 안 돼. 바비."

– 놓치면 돼. 바보.

(바비가 모자를 잡으려는 장면)

어떻게 되었을까?

– 바비가 물속에 떨어졌을 것 같아요.

"조심해라 바비. 네 선생님. 우아, 여기 멋지구나. 커비 선생님에게도 좋은 생각이 떠올랐어요."

– 근데 왜 커비 선생님 색깔이 왜 이러지?

(종이비행기 접어 날리는 장면)

– 선생님 돌아왔다.

– 왜 선생님이 노란 색이지?

선생님이 어떻게 되었지?

– 사람이 되었어요.

선빈이와 의규가 말한 것처럼 선생님이 달라졌어요. 어떤 점이 달라졌어요?

– 사람으로 되었어요.

왜 달라졌을까?

– 그냥 사람으로 안 보인 거예요.

– 아까 전에 바비가 선생님이 몬스터라고 상상했는데, 선생님이 착해져서 사람이라고 생각한 거예요.

– 원래 선생님은 진짜 사람인데, 선생님이 착해져서 점점 변한 거예요.

– 둘이 더 가까워지니깐.

– 선생님이 바비가 비행기를 접은 걸 멋있게 봐서 바뀌었어요.

– 선생님도 화나면 몬스터로 변해요.

– 선생님이 나빠서 몬스터라고 상상했는데, 착해져서 상상이 풀린 거예요.

나도 가끔은 몬스터가 돼. 피터브라운 아저씨가 말하네. 우리도 화가 나면 무엇으로 변할까?

– 몬스터

우리 마음속에는 누구나 몬스터가 있어.

– 맞아요. 버럭이가 나와요.(인사이드 아웃 '분노' 캐릭터)

내 마음속에 몬스터 같은 사람이 있나 생각해보자. 누군지 말하지 말고.

– (손을 든 친구) 7명

* **에필로그**: 아이들과 책 대화를 주고받으면서 재미있었던 점은, 선생님의 모습이 변한 원인을 선생님과의 관계 속에 진전된 바비 내면의 변화라기보다 '선생님이 착해져서' 마법이 풀리듯 변했다고 생각한 답변들이었어요. 마무리에 중점을 두지 못한 이유도 거기에 있습니다. 더 진행했다가는 정답을 정해 놓고 읽는 수업이 될 것 같아 아이들이 조금 더 큰 2학기에 다시 읽어야겠습니다.

05

『나랑 친구 하자!』

(피터 브라운 글/그림), 사계절, 2015.

● 수업에 앞서

피터 브라운의 또 다른 작품입니다. 단순 명료한 주제, 만화풍의 과장된 그림 등 앞선『선생님은 몬스터!』와 같은 양식의 그림책입니다. 이 작품은 친구 맺기의 방법을 다양한 실패의 경험을 통해 점차 깨달아가는 과정을 보여줍니다. 그리고 마침내 좋은 친구를 만나게 되지요. 좋은 친구란 상대방을 자신의 요구대로 바꾸는 것이 아니라 서로의 특성을 인정하며 받아들이는 것이라는 주제를 쉽게 전달하고 있습니다. 좋은 친구란 무엇인지, 또 좋은 친구를 얻기 위해서 어떻게 해야 하는지를 생각케 하는 좋은 작품입니다. [관계, 친구]

● 수업

읽기전활동

피터 브라운이 쓴 또 다른 책을 읽어볼까요? 이번에는『나랑 친구 하자!』예요.

친구 정말 소중하죠. 여러분도 점점 자라면서 친구가 가족만큼이나 소중하다는 것을 알게 될 거예요.

그럼 처음 친구를 사귀려면 어떻게 해야 할까요? [대화하기]

–

읽는 중 활동

다 같이 읽어볼까요? 제목?

주인공은 누구인가요?

또 어떤 동물이 나오나요?

면지를 볼까요? 무엇이 있나요?

발자국은 누구의 발자국일까요? **[내용의 이해]**

글상자가 있네요. 『선생님은 몬스터!』와 같은 꼴이네요. 만화처럼 말풍선을 네모 칸 안에다 뒀어요.

제일 먼저 만난 동물은 누구인가요?

–

스컹크에겐 어떻게 했나요? 냄새가 없으면 스컹크는 어떻게 될까요?

–

타조에겐 어떻게 했나요? 타조는 날아봤을까요? **[내용의 이해]**

–

왜 바보가 된 기분이 들었을까요? **[상상하기]**

–

여러분은 마음을 가라앉혀야 할 때 어떻게 하나요? **[대화하기]**

–

홍학들은 어떻게 했을까요?

–

홍학은 어떻게 했나요? **[내용의 이해]**

– 천천히 조금씩 다가갔어요.

홍학은 루씨와 무엇이 달랐나요?

–

마지막 뒷면지에는 앞면지와 달라진 점이 있네요. 무엇인가요? [내용의 이해]

–

읽은후활동

"친구 사이란 쉬워 보이지만 쉽지 않은 것!"이라고 했네요.

왜 그럴까요? [대화하기]

–

내가 사귀고 싶은 친구가 있나요? 어떤 친구인가요? [이야기하기]

–

이 친구를 사귀기 위해 어떤 준비를 해야 할까요? 또 어떻게 해야 이 친구를 사귈 수 있을까요? [대화하기]

● 수업의 주안점

친구 사귀기는 아이들이 가장 원하는 것이면서도, 가장 어려운 일 중의 하나입니다. 그러나 이 작품에서처럼 정작 친구 사귀기는 어렵지 않아요. 마음을 열고 상대방을 상대방 자체로 받아들이면 그만입니다. 아이들은 편견이 적기에 그만큼 더 쉬울 것입니다. 이 작품의 활동의 초점은 상대방의 마음을 상상하는 것입니다. 내가 이렇게 했을 때, 상대방은 어떤 마음이 들까를 상상해 보는 활동이 중심입니다. 이는 '대화하기', '상상하기' 등의 성취기준과 연결되어 있습니다. 이 작품을 독립적으로 다루기보다 피터 브라운 작품의 미적 특징들을 찾으면서 그림책의 그림 읽기를 함께 다루면 좋을 것입니다.

06

『엄마 마중』

(이태준 글/김동성 그림), 보림, 2013

(초판 소년한길, 2004).

● 수업에 앞서

이태준이 오래전 식민지시기에 쓴 짧은 유년동화를 바탕으로 그림 작가 김동성이 그림을 입힌 작품입니다. 글은 아주 짧고 반복적이기에 그림을 보는 찬찬한 읽기가 중요한 작품입니다. 작은 꼬마아이의 기다림과 다시 만나게 된 엄마와의 관계가 날리는 눈발 속에서도 따스하게 피어오르는 작품입니다. 특히 마지막 장면 눈 내리는 언덕길을 올라가는 엄마와 아이가 어디에 있는지 꼭 찾아야 합니다. 어린이문학은 희망의 문학이기 때문입니다. 먼저 들려주기보다 아이들 스스로 찾아갈 수 있도록 배려해주어야 할 것입니다. [그림책, 가족]

● 수업

읽기 전 활동

오늘 함께 읽을 책은 『엄마 마중』이에요.

마중이 뭔가요? [낱말의 이해]

–

마중이란… 반대말로 배웅이란 말도 있어요.

여러분도 누군가를 마중 가본 적 있어요?

그리고 꼭 마중을 나가지 않았어도 누군가를 기다려본 적이 있나요?

그때 어떤 느낌이었나요? [대화하기]

–

그럼 그림을 볼까요? 아이가 있네요. 몇 살쯤 되어 보여요? 옷차림은 어때요?

–

그래요. 이 아이는 옛날 아이예요. 여러분의 할아버지, 할머니가 여러분보다 더 어릴 적 얘기예요. 그래서 이 그림책에는 옛날 사람들, 옛날 기차, 옛날 집들이 잔뜩 나와요. 옛날 모습은 어떨지, 옛날 아이는 어땠는지 볼까요?

읽는 중 활동

아이는 지금 뭘 하고 있나요? 어떤 기분일까요? [내용의 이해]

– 땅에 뭘 그려요. 낙서해요.

– 심심해요.

이야기가 끝났네요. 어때요?

– 으악.

아이는 어떻게 되었을까요? [상상하기]

–

마지막 장면 다시 잘 볼까요? 아이는 어떻게 되었나요? [내용의 이해]

–

다행이지요? 오래 기다린 끝에 엄마를 만난 아이의 마음은 어떨까요?

–

읽은 후 활동

재미있었나요?

우리 다시 그림책을 볼까요? 가만 가만. [내용의 이해]

여러분도 누군가를, 아니면 무언가를 기다려본 적이 있나요?

그 경험을 한번 써볼까요? 처음, 중간, 끝 이렇게요. [이야기하기]

"처음: 아이는 엄마를 마중 갔어요. 중간: 기다리는 가운데 처음에는 심심했지만, 조금씩 걱정이 되었어요. 엄마가 안 올까 봐서. 끝: 그러다 마침내 엄마를 만났어요. 함께 손을 잡고 집으로 돌아왔어요."

이렇게요.

–

● 수업의 주안점

글과 함께 그림 또한 시적이라고 할 만큼 울림이 풍부한 서정적인 작품입니다. 따라서 일정한 성취기준의 틀에 가두기보다 작품이 빚어내는 정서적 울림에 깊이 침잠하는 것이 중요할 듯합니다. 누군가를 기다리는 경험을 함께 나누며, 어떤 느낌이 들었는지 이야기해보고, 마침내 만났을 때 어땠는지도 함께 나누어봅시다. 읽는 중 활동에서는 그림의 세부를 읽어나가는 힘을 길러주도록 합니다.

07

『넉 점 반』

(윤석중 시/이영경 그림), 창비, 2004.

● 수업에 앞서

동시는 '작품 읽어주기' 활동이 아주 까다로운 장르입니다. 한눈에 읽고 느낄 수 있는 작품을 통해 읽기 전, 중, 후 활동을 기계적으로 짜 맞추는 것이 쉽지 않기 때문입니다. 오히려 동시는 그저 함께 읽고, 느낌을 나누고, 작품이 담고 있는 경험이나 관점을 공유하는 것으로 충분합니다. 그러니 여러 편의 동시 혹은 동시집에서 좋아하는 동시를 찾고, 좋아하는 이유 말하고, 이들 좋아하는 동시에 그림을 덧붙이고, 동시집을 묶고, 자신이 직접 동시를 써보기도 하는 활동을 마음껏 펼치는 것이 가장 효과적입니다. 동시에 대해 최소한 필요한 분석적인 활동은 고학년으로 미루어야 합니다.

그런데 동시를 바탕으로 만든 시 그림책을 활용하면 읽어주기가 다소 수월해집니다. 시를 바탕으로 꾸며 만든 그림책은 그림책이 되는 순간 시 자체로 머무는 것이 아니라 이야기로 전환되기 때문입니다. 한 장, 한 장 펼쳐나가는 이야기가 됩니다. 또 함축적인 언어를 사용하는 동시가 그림을 통해 한층 풍부하게 이해되는 이점도 있습니다. 그만큼 수업에서의 활용도가 높은 셈이지요.

이 작품에 담긴 시 「넉 점 반」은 윤석중의 대표작입니다. 모든 사물에 대한 호기심이 많은 아이의 본성이 유머러스하게 잘 담겨 있습니다. 이 시간 순서로 이루어진 시를 그림작가 이영경은 1970년대를 배경으로 삼아 개성이 뚜렷한 인물을 창조하고, 작고 아기자기한 세부들을 풍부하게 되살리며 멋진 그림책으로 빚어내고 있습니다. 시에는 언급되지 않는 다양한 이미지들을 찾아가는 것도 그림책을 읽는 재미를 북돋울 것입니다. [시 그림책, 놀이]

● 수업

읽기전활동

오늘은 그림책을 한 권 볼까요?

제목이 '넉 점 반'이네요. 무슨 뜻일까요? [낱말의 이해]

이건 할아버지, 할머니들이 쓰던 말이에요. 4시 반이란 뜻이지요.

시를 나타낼 때 점이라고 했어요.

그럼 지금은 몇 점일까요? [낱말의 이해]

–

이 책은 그림책이랍니다.

그림책이란 글과 그림이 함께 있는 책이에요. 물론 모든 어린이책에는 글과 그림이 함께 있어요. 그래도 그림책이라 불릴 수 있는 것은 그림이 아주 중요한 역할을 할 때 그림책이라고 한답니다. 그러니 그림을 잘 봐야겠죠?

표지도 자세히 보아야 한답니다. 표지에는 뭐가 있죠? [내용의 이해]

– 여자아이, 강아지, 고추잠자리, 그리고 식물이 있네요.

무엇인가요?

어떻게 알았어요?

그럼 좀 더 자세히 볼까요?

아이는 어떤 옷을 입고 있나요? 머리 모양은?

무엇을 알 수 있나요?

–

그래요. 옛날 사람이에요. 그렇다고 아주 오랜 옛날은 아니고 할머니, 할아버지가 살았던 때예요.

아까 시간을 말하는 '넉 점 반'도 그때 말이에요.

아이는 몇 살쯤 되어 보이나요?

아이의 마음은 어떤가요?

–

읽는 중 활동

먼저 시를 읽어볼까요?

아기가 아기가
가겟집에 가서
"영감님 영감님
엄마가 시방 몇 시냐구요."
"넉 점 반이다."

"넉 점 반
넉 점 반."
아기는 오다가 물 먹는 닭
한참 서서 구경하고.

"넉 점 반
넉 점 반."
아기는 오다가 개미 거둥
한참 앉아 구경하고.

"넉 점 반
넉 점 반."
아기는 오다가 잠자리 따라

한참 돌아다니고.

“넉 점 반

넉 점 반.”

아기는 오다가

분꽃 따 물고 니나니 나니나

해가 꼴딱 져 돌아왔다.

“엄마

시방 넉 점 반이래.”

(**tip!** 이러저러한 방법으로 시를 몇 차례 반복해서 읽는다.)

그럼 이제 그림책을 볼까요? 그림책은 이 동시를 어떻게 풀어냈을까요?

아기가 집으로 돌아오는 길에 본 것은 무엇인가요? **[내용의 이해]**

–

지금 시간은 얼마나 되었을까요? **[상상하기]**

–

아기의 말을 듣는 엄마의 표정 속에 담긴 마음은? **[상상하기]**

–

읽은 후 활동

이 작품이 재미있다면 그 이유는 무엇인가요? **[대화하기]**

—

내가 즐겨 관찰했던 것, 내 마음을 이끌었던 것은 무엇인가요? [대화하기]

—

사물이나 동물을 자세히 관찰해보고, 그 특성을 살려 표현해봅시다. [이야기하기]

—

(예시: 우리 집 금붕어)

우리 집 금붕어는 눈이 툭 튀어 나와 있습니다. 배는 볼록하고, 지느러미를 언제나 부드럽게 살랑거립니다. 입을 뻐끔거릴 때는 먹이를 주고 싶은 마음이 듭니다.

● **수업의 초점**

시 그림책의 경우 자칫 시는 놓쳐버리고 그림책에만 초점을 맞출 우려가 있습니다. 그러니 시 자체를 충분히 음미한 다음에 그림책을 보는 것이 필요합니다. 이 수업에서도 거듭 동시 자체를 낭송함으로써 동시의 느낌을 건사하고자 했습니다. 그리고 작품 자체가 아이의 움직임을 따라 표현되고 있습니다. 무엇을 보고, 그것이 그림책에는 어떻게 표현되어 있는지 살피는 활동이 있었으면 합니다. 또 자신이 스스로 관찰한 것을 짧은 글로 표현하는 것도 좋은 쓰기 활동이 될 것입니다.

▬ 08

『내 동생』

(주동민 시/조은수 그림), 창비, 2003.

● **수업에 앞서**

「내 동생」이란 동시는 이오덕 선생님과 뜻을 함께하는 선생님들이 묶은 『엄마의 런닝구』(한국글쓰기교육연구회 엮음, 보리, 1995)에 실려 있는 시입니다. 작가가 이 시를 쓴 당시는 1991년 경산 부림초등학교 6학년에 다니고 있었다고 합니다. 그러니 이 동시는 엄격히 구분하자면 동시가 아니라 어린이시입니다. 동시는 어른들이 어린이를 독자로 쓴 시인데 반해 어린이들이 자신의 경험과 느낌을 살려 쓴 동시는 어린이시라고 한답니다. 어린이시는 어른이 쓴 동시와 달리 아이들의 삶과 정서를 생생하게 표현하기에 시교육을 위해 정말 요긴한 자료입니다.

「내 동생」의 화자는 구구단을 외지 못하는 동생 때문에 2학년 교실로 불려가 망신을 당합니다. 그러나 이 아이는 정말 미운 것은 동생이 아니라 구구단임을 덧붙임으로써 동생에 대한 마음을 잘 표현하고 있습니다. 시란 짐짓 아름다운 표현으로 꾸며낸 것이 아니라 진솔한 마음의 느낌을 그대로 옮겨 쓰는 것임을 이 작품은 여실히 보여주고 있습니다. 아이들 역시 이 틀에 맞추어 경험 속에서 기억할 만한 일들을 시로 표현하면, 그것이 저절로 읽는 이에게는 감동을 안겨줄 것입니다. [시 그림책, 가족]

● **수업**

읽기전활동

오늘은 「내 동생」이란 동시를 읽어볼 거예요. 동생이 있는 친구 있나요? 동생이 아니면 형이나 오빠는? 동생이나 언니를 생각하면 무엇이 떠오르는가요? 동생이 없는 외동이도 있겠네요. 그럼 어떨 때 동생이나 언니가 있었으면 싶은가요? [대화하기]

–

동생이나 언니/형에게 부탁하고 싶은 것은 없나요? (동생이 있다면) '이렇게 이렇게 해주면 좋겠다. [대화하기]

–

동생(형)과 사이에 재미있었던 이야기는 없나요? [이야기하기]

–

이 동시는 동생 때문에 창피를 당한 경험을 쓰고 있어요. 문제는 구구단 때문이에요. 어떤 내용인지 읽어봅시다.

읽는중활동

"고개를 숙였다."

왜 고개를 숙였을까요? 내 마음은 어떨까요? [상상하기]

–

"동생은 한숨을 푸우 쉬고/교실에 들어갔다."

동생 마음은 어떨까요? [상상하기]

–

“나는 아무 말도 안 했다.”

왜 아무 말도 하지 않았을까요? [상상하기]

–

“이불을 덮어 주었다.”

여기에 나타난 마음은 어떤 마음일까요? [상상하기]

–

“나는 구구단이 밉다.”

왜 구구단이 밉다고 했을까요? [상상하기]

–

읽은후활동

시가 재미있나요? 어떤 점이 재미있었어요? [대화하기]

–

이 친구처럼 여러분과 같은 어린 시인들이 쓴 같은 제목의 동시 한 편만 더 볼까요?

내 동생

3학년 최현빈

영빈이가 열이 나고 아팠다.

편도선 때문이라고 했다.

영빈이는 목이 아파서

밥도 못 먹고 우유, 물, 죽만 먹는다.

울어대면서 먹는다.

그런 영빈이를 내가 업어 준다.

업어 주니 열이 많이 내렸다.

영빈이를 업고 있으니

(내 등이 타는 것 같았다.)

—『붕어빵과 엄마』(최종득 엮음), 상상의힘, 2016.

마지막 행을 비워뒀어요. 어떻게 마무리 지을지 써넣기로 해요.

어때요. 동생을 생각하는 마음이 잘 나타나 있나요?

시인은 어떤 느낌일까요? 그 느낌을 잘 표현한 것 같아요? [내용의 이해]

–

우리도 동생이나 언니, 아니면 다른 누군가와 있었던 일에 관해 시로 한번 써볼까요? 이 시처럼 그냥 있었던 일과 그때의 마음을 차례대로 쓰면 된답니다.

–

● **수업의 주안점**

시는 마음을 언어로 표현한다는 점에서 국어수업에서 가장 중요한 장르 중의 하나입니다. 이 수업에서는 그저 일상적으로 경험한 내용을 담담하게 쓰는 것만으로도 충분히 좋은 시가 될 수 있음을 나누도록 합니다. 기교를 동원하지 않더라도 경험과 느낌이 참신하다면 누구나 좋은 시를 쓸 수 있습니다.

시에서 가장 중요한 항목 중의 하나는 단연코 정서라고 할 수 있습니다. 앞의 「넉 점 반」이 리듬이나 경험을 중시하는 작품이라면 「내 동생」은 정서가 아주 중요한 작품입니다. 작품의 진행에 따라 정서가 어떻게 변화해가는지를 점검할 수 있도록 합니다. 그리고 직접 자신이 시인이 되어 생활에서 느낀 점을 시로 표현해보는 시간을 갖는 것도 꼭 필요하답니다. 많은 어린이시를 통해 시를 이렇게 쉽게 써도 되는 것이구나 하는 자신감을 심어주는 것도 중요하겠지요.

09

『파란 의자』

(끌로드 부종 글/그림), 비룡소, 2004.

● 수업에 앞서

끌로드 부종은 책에 관한 그림책인 『아름다운 책』(비룡소, 2002)으로 유명한 프랑스 그림책 작가입니다. 명료한 주제, 유머러스한 대화, 독특한 인물 형상 등이 돋보이는 작가입니다. 이 작품 『파란 의자』는 상상 놀이의 즐거움을 보여줍니다. 사막에서 의자를 발견한 두 주인공은 각자의 성격에 맞게 대화하며, 의자로 놀이를 펼쳐나갑니다. 그러다 이를 바라보던 낙타가 나타나지요. 등걸처럼 메마른 일상적인 눈으로 두 주인공의 상상 놀이를 평가합니다. 어쩌면 상상력을 잃어버린 어른들의 무미건조함을 보여주는 셈이지요. 우리는 이 그림책을 통해 의자 하나도 상상력의 힘을 빈다면 얼마나 멋진 다양한 소도구들이 될 수 있는지를 알게 됩니다. 그것은 어린이들의 특권이기도 하지요. [그림책, 상상놀이]

● 수업

읽 기 전 활 동

의자가 있어요. 의자를 보면 무엇이 떠오르나요?

"의자는 (　)이다"에 말을 넣어볼까요? [상상하기]

–

의자로 우린 뭘 할 수 있을까요? 앉는 것? 당연하겠죠? 또? [대화하기]

–

표지를 보면 두 친구가 나와요. 어떤 동물인가요? [내용의 이해]

–

읽 는 중 활 동

두 친구가 등장하네요. 이름이 에스카르빌과 사부도였네요. 누가 에스카르빌이고 누가 사부도일까요?

–

'샤부도가 덧붙이더니만', 어떻게 말했을까요? [상상하기]

–

샤부도는 어떤 성격인가요? [상상하기]

–

에스카르빌이 의자는 거의 요술이라고 했네요. 뭐든지 될 수가 있다고요. 여러분이라면 의자로 무엇을 할 수 있을까요? [대화하기]

–

소리를 지른 낙타는 두 친구에게 무엇이라고 말했을까요? [상상하기]

–

읽은 후 활동

에스카르빌과 샤부도, 낙타는 어떤 인물인가요? [내용의 이해]

– 에스카르빌:

– 샤부도:

– 낙타:

나는 에스카르빌과 샤부도, 낙타 중에 어떤 인물과 가장 가까운가요? [이야기하기]

–

여러분 앞에 책이 있어요. 그 책으로 무엇을 할 수 있을까요? 상상해 봐요. [상상하기]

– 책은 거의 요술이야.

● **수업의 주안점**

대화가 이야기의 중심을 이루고 있는 작품입니다. 그리고 대화는 당연히 인물의 성격과 일치하지요. 세 인물이 각각 어떤 성격이며, 그 성격을 어떤 말과 행동으로 표현하고 있는지를 찾도록 합니다. 그리고 상상의 힘이야말로 책의 주제인 만큼 주변에 존재하는 어떤 사물이든지 그 쓸모를 정해진 쓸모를 넘어서는 것으로 확장하여 사고하는 놀이를 진행하도록 합니다. 수업은 특정한 성취기준에 매몰되지 않고, 상상하는 즐거움 자체를 향유하도록 합니다. 그리고 저학년의 경우 '읽기 중 활동'이 너무 많아 지치지 않도록 합니다.

— 10

『눈물바다』

(서현 글/그림), 사계절, 2009.

● **수업에 앞서**

서현의 『눈물바다』는 교과서에 실리기도 해서 잘 알려진 작품입니다. 그러나 교과서는 여러 사정으로 작품 전체를 싣지 않고 늘 부분만 수록합니다. 그렇지만 좋은 작품은 언제나 전체로 읽어야 합니다. 그래야만 작품이 담고 있는 전체를 만날 수 있고 온전한 경험이 됩니다. 그러니 좋은 작품이라면 원래의 작품을 통해 읽을 필요가 있습니다. 이 작품은 아이들이 겪는 억울함이나 상처를 다루고 있습니다. 작품은 이 분노를 감추기보다 상상 속에서 드러냄으로써 해소합니다. 모든 이야기는 희망입니다. 다만 이야기될 수 있다면 말입니다. 아이들의 상처도 다르지 않을 것입니다. 말할 수 있다면 절반은 풀어진 셈입니다. 그러니 표현할 수 있게 해야 한답니다.

[경험, 슬픔]

● 수업

읽기전활동

여러분은 언제 울고 싶은가요? 선생님은…. [대화하기]

–

울고 싶을 때는 어떻게 하나요? [대화하기]

–

오늘은 답답하고 억울한 일을 겪은 아이의 이야기를 들려줄게요. 그림책이니 그림도 잘 보도록 합니다.

읽는중활동

7쪽 "짝꿍이 먼저 약올렸다고요!"

지금까지 어떤 일이 일어났나요? [내용의 이해]

–

11쪽

주인공 마음은 지금 어떨까요? [상상하기]

–

12쪽

눈물이 흐르고 흘러 바다가 되고 말았네요. 그럼 이제 어떻게 될까요? [상상하기]

–

19쪽

미워한 사람들이 모두 물에 빠져서 허우적거리고 있네요. 그럼 어떤 기분이 들까요?

–(후련하고 안됐다.)

30쪽

지금은 주인공 마음이 어떤 것 같아요? [상상하기]

–

읽은 후 활동

여러분 재미있었나요? 주인공은 화가 나고 억울하고 슬퍼서 어떻게 했나요? [내용의 이해]

–

여러분은 화가 날 때 어떻게 마음을 푸나요? [대화하기]

–

주인공처럼 느낀 적이 내게도 있었나요? 어떤 일이었는지 써봅니다. [이야기하기]

–

이 일을 겪은 여러분의 기분은 어떻게 하면 나아질까요? 각자 생각

하는 해결책을 써봅시다. [이야기하기]

–

● **수업의 주안점**

아이들도 당연 부정적인 감정을 경험합니다. 분노가 일기도 하고, 미움이 새록새록 피어오르기도 하고, 억울한 일을 겪어 답답할 때도 있을 것입니다. 그런데 우리는 이 부정적인 감정을 덮고 억누르는 데 익숙한 나머지 잘 드러내지 않으려고 합니다. 그러나 고인 물이 썩듯 부정적인 감정도 조금씩, 조금씩 쌓이게 됩니다. 지혜롭게 드러내고 풀어가는 것이 필요하겠지요. 작품에서는 상상 놀이를 통해 풀어갑니다. 어떤 상상을 하며 부정적인 감정을 해소해 나갈까요? 상상하고 그 상상을 겉으로 표현함으로써 해소하는 방법도 그저 감정의 극단적인 표출이 아니라 정서적으로 갈무리할 수 있도록 합니다. 이 수업에서는 '내가 겪은 억울한 일', '억울함을 푸는 방법' 등 글쓰기를 통해 풀어내고자 하였습니다.

▬ 11

『뒤집힌 호랑이』

(김용철 글/그림), 보리, 2012.

● 수업에 앞서

옛이야기는 예부터 전해져 내려오던 이야기입니다. 그러니 '옛'이란 말에는 '오래된'이란 뜻과 함께 '살아남은'이란 의미도 있답니다. 그러니 이야기의 정수가 담겨 있다고 보아야 합니다. 교훈적이고 사건이 단순하고 인물의 내면이 부족한 점도 모두 이 때문입니다. 그런데 그런 만큼 오히려 우리 아이들에게는 꼭 맞춤한 장르입니다.

옛이야기는 전통적인 옛이야기와 함께 옛이야기의 화소를 빌어 오늘의 현실 속에 녹여낸 창작 옛이야기가 있습니다. 『뒤집힌 호랑이』는 전통적인 옛이야기이고, 『장수탕 선녀님』은 선녀가 나온다는 점에서 창작 옛이야기를 바탕으로 만들어낸 그림책입니다. 좋은 옛이야기는 먼저 연행을 고려한 입말로 되어 있어야 좋습니다. 그리고 중요한 모티프들이 함부로 훼손되지 않은 이야기가 좋겠지요. 민중적 세계관, 선악의 명료함, 구조의 단단함 등이 있으면 더욱 좋을 것입니다.

『뒤집힌 호랑이』는 우리 옛사람들의 해학이 잘 묻어나는 작품입니다. 억압하는 호랑이를 민중들이 지혜와 힘을 합해 문제를 해결하는 과정도 유쾌하게 그려져 있으며, 인물들을 표현하는 선과 색감 등이 뛰어난 그림책입니다. 더욱이 옛이야기의 재화를 화가가 직접 어머니에게서 들은 이야기를 옮겨 구술적인 특성이 잘 표현되어 있습니다.

[옛이야기, 해학]

● 수업

읽기전활동

오늘은 호랑이가 주인공인 옛날이야기를 들려줄 거예요.

호랑이는 우리나라 사람들이 아주 좋아하는 동물이었어요. 옛날에는 정말 호랑이가 많기도 했고요. 그런데 일본 사람들이 와서 우리 호랑이를 다 죽이고 잡아갔어요. 지금은 시베리아 쪽에서 아무르호랑이라는 우리 호랑이가 더러 살고 있답니다.

호랑이가 나오는 옛날이야기 아는 것 있나요? [이야기하기]

–

「해님 달님」? 그래요. 여기에도 호랑이가 나오죠. 어떤 얘긴지 한번 해줄래요?

–

「호랑이와 곶감」? 그래요. 그 얘기도 들어보죠. 「호랑이와 팥죽할멈」?

–

(tip! 읽기 전 활동은 그저 동기유발이 아닙니다. 『뒤집힌 호랑이』가 목적이 아니라, 읽고 쓰고 듣고 말하는 언어활동이 중요합니다. 따라서 충분히 활동 그 자체로 의미가 있으면, 독립적인 활동으로 시간을 안배해도 좋겠습니다.)

그럼 오늘 읽을 책은 그림책이니 표지부터 볼까요? 표지에는 무엇이

나타나 있나요? [내용의 이해]

–

그래요. 그럼 읽어보도록 할게요.

읽는 중 활동

어떻게 됐을까요? [상상하기]

–

어떻게 사람들은 배 속에서 나왔을까요? [상상하기]

–

읽은 후 활동

재미있었나요? 우리 이 옛이야기에서 가장 재미있었던 장면을 표현해볼까요? [상상하기]

장면 연출하기

a. 호랑이를 만나고 잡혀 먹을 때

b. 호랑이 배 속에서 잔치를 벌일 때

c. 힘을 모아 호랑이 꼬리를 당기고 나왔을 때

자, 우린 옛날이야기 하나를 함께 듣고 활동도 해보았어요. 이제 이 이야기를 누구에게 들려준다 생각하고 다시 이야기해볼까요? [이야기하기]

–

그래요. 이야기는 나누어야 맛이랍니다. 그러니 집에 가서 엄마, 아빠나 동생에게도 들려주길 바랍니다.

● **수업의 주안점**

옛이야기는 사건의 일직선상의 흐름이 중요한 역할을 합니다. 인물의 성격이나 배경보다 사건이 중요합니다. 따라서 시간의 흐름에 따라 사건을 정리하는 활동을 중심에 두어야 합니다. '읽기 중 활동'이 여기에 해당합니다. 그리고 덧붙여 이야기의 장면을 몸으로 표현해 보는 것도 좋은 활동입니다. 아이들은 몸으로 배우는 것이 훨씬 더 강렬하게 남습니다. 그리고 스스로 어눌하더라도 이야기를 다른 사람들에게 들려주는 연습을 한다면 말하기 훈련이 될 것입니다. 물론 듣는 자세, 들으면서 하는 평가지도 만들면 좋겠습니다.

12

『장수탕 선녀님』

(백희나 글/그림), 책읽는곰, 2012.

● **수업에 앞서**

『장수탕 선녀님』은 『구름빵』과 함께 백희나 작가의 대표작입니다. 표지부터 예상을 깨는 인물이 전면에 등장합니다. 선녀는 선녀인데 할머니 선녀인 셈이지요. 세월은 선녀조차 비껴갈 수 없나 봅니다. 이 작품은 판타지와 현실을 교묘하게 섞어놓고 있습니다. 선녀 할머니가 정말 있었던 인물인지 아닌지 교묘한 장치를 통해 혼란을 안겨주고 있습니다. 그리고 선녀는

「나무꾼과 선녀」의 선녀라고 자신을 소개하듯 옛이야기에서 가져온 모티프입니다. 배경으로 선택된 목욕탕은 이 모티프의 현실성을 더욱 강화해줍니다. 선입견을 넘어서는 선녀의 모습을 통해 상상의 즐거움을 안겨주는 작품입니다. 더욱이 백희나 작가 특유의 입체 인형과 실사 사진 작업을 통해 조형적인 입체감을 풍부하게 안겨주고 있는 것도 특징입니다. [창작 옛이야기 그림책, 놀이]

● **수업**

읽기전활동

친구들, 옛날이야기 중에 「나무꾼과 선녀」 이야기 알아요? 선생님이 다시 들려줄게요.

(……)

이렇게 나무꾼은 마침내 수탉이 되었다는 것으로 끝나네요. 재미있었나요?

친구들, 이 이야기에는 나무꾼과 함께 선녀도 나오죠? 만약 여러분이 선녀를 만난다면 기분이 어떨 것 같나요? [대화하기]

–

오늘 함께 나눌 작품은 그림책이랍니다. 선녀를 만난 한 여자아이의 이야기입니다. 옛이야기의 주인공을 만난 이야기지요. 표지를 보면 어떤 선녀인지가 잘 나타나 있어요.

자, 표지를 봅니다. 누구죠? [내용의 이해]

–

선녀는 선녀인데 좀 특별한 선녀네요. 할머니 선녀고, 사는 곳도 장수탕인가 봐요. 야구르트를 드시고 있네요.

그럼 이야기를 잘 들어봐요.

읽는중활동

(속표지) 앞인데 목욕탕 장면이네요. 사진을 찍었어요. 작품의 배경이랍니다.

9–10쪽 "울지 않고 때를 밀면 엄마가 요구르트를 사주실 거다."

주인공이 엄마와 함께 목욕탕을 갔네요. 엄마는 스파랜드에 안 가고 왜 장수탕을 갔을까요? [내용의 이해]

–

여러분은 목욕탕을 가면 뭘 하며 놀죠? [이야기하기]

–

14쪽 "어?"

덕지는 왜 놀랐을까요? [상상하기]

–

16쪽 이상한 할머니는 누구죠? [내용의 이해]

–

27–28쪽 "다음에 또 할머니랑 놀면 좋겠다."

이 작품은 어떻게 끝날까요? 여기서 그냥 끝일까요? [상상하기]

–

32쪽 "그때!"

어떤 일이 일어났을까요? [상상하기]

–

읽은 후 활동

자, 재미있었나요?

그런데 이 이야기는 정말 있었던 이야기일까요? 상상 속 이야기일까요? [이야기하기]

–

그래요. 선생님도 잘 모르겠네요. 후후.

그럼 이번에는 우리 찰흙으로 인형을 만들어봐요. 작가 백희나 선생님도 그렇게 이 그림책을 만들었거든요. 그림책의 인물이나 모습을 만들어도 좋고, 스스로 상상해서 만들어도 좋아요. [상상하기]

자, 그럼 시작.

● **수업의 주안점**

창작 옛이야기 작품입니다. 옛이야기 속의 선녀와 이 이야기 속의 선녀가 어떤 차이가 있는지를 발견할 수 있었으면 합니다. 책 읽어주기에서는 예측하기 활동이 중심이 되었습니다. 있었던 일을 근거로 예측할 수 있으면 좋을 것입니다. 그리고 찰흙을 빚어 인형 만들기는 즐거운생활 교과와 통합적으로 운영할 수 있습니다. 이 그림책처럼 인형과 배경을 함께 찍어서 그림책의 한 장면을 연출해보는 것도 재미있는 수업이 될 것입니다.

13

『수호의 하얀말』

(오츠카 유우조 글/아키바 수에키치 그림),

한림출판사, 2001.

● 수업에 앞서

이 그림책은 일본작가들이 글과 그림을 쓰고 그린 작품입니다. 그러나 이야기의 원천은 글작가 오츠카 유우조가 어린 시절을 보낸 중국, 정확히 말하면 몽골의 이야기에 바탕을 두고 있습니다. 그러니 한국의 어린이가 일본의 작가가 쓴 몽골의 이야기를 읽게 되는 셈이지요. 좋은 작품이 시대를 뛰어넘을 뿐만 아니라 국경도 뛰어넘는 것을 잘 보여줍니다.

작품은 옛이야기의 짜임에 딱 맞게 제시되어 있습니다. 주인공 수호, 수호가 구해낸 하얀말, 수호와 말의 시련, 말의 죽음 이후 뒷이야기로 이루어져 있고, 마두금이란 악기의 일종의 유래담입니다. 동물과 사람이 나누는 진정성이 돋보이는 작품이며, 예나 지금이나 소중한 가치가 무엇인지를 우리에게 건네주는 작품입니다. 이야기도 아주 풍부해서 옛이야기에서 동화로 넘어가는 중간 지점에 활용하면 좋은 작품입니다. **[유래담, 사랑]**

● 수업

읽기 전 활동

표지 그림을 볼까요? 이 표지를 보고 어느 나라 이야기인지 생각해 볼까요? [상상하기]

–

그래요. 칭기즈 칸의 나라 몽골의 이야기랍니다. 그런데 이 그림책을 만든 사람은 일본 작가들입니다.

주인공 이름은 수호고, 또 다른 주인공은 '하얀말'입니다. 여러분도 수호처럼 말을 갖고 싶지는 않나요? 말 하면 무엇이 떠오르는가요? [대화하기]

–

자, 이 작품 수호의 하얀말에서는 어떤 이야기가 펼쳐질까요? 잘 들어봅시다.

읽는 중 활동

3쪽 "거기에는 이런 이야기가 숨어 있답니다."

어느 나라에서 일어난 이야기인가요? [내용의 이해]

–

어떤 악기라고 했죠? [내용의 이해]

–

마두금의 모양은 어떤가요?

–

그럼 어떤 이야기가 숨어 있는지 읽어볼게요.

4쪽 "멀리멀리 퍼져 나갔습니다."

수호에 대해 말하고 있네요. 수호는 어떤 아이인가요? [상상하기]

–

6쪽 "수호가 무언가 하얀 것을 안고 달려왔습니다."

뭘까요? [상상하기]

–

12쪽 "말 타기 대회가 열리는 마을로 달려갔습니다."

자, 이야기는 어떻게 이어질까요?

–

21쪽 "수호가 탄 하얀 말입니다."

자, 이야기는 어떻게 이어질까요?

–

27쪽 "겨울 집까지 돌아올 수 있었습니다."

자, 또 이야기는 어떻게 되었을까요?

–

29쪽 "하얀 말은 어떻게 되었을까요?"

자, 그럼 여러분이 직접 이 뒷이야기를 이어 써볼까요? [상상하기]

(tip! 상상하여 글쓰기)

–

37쪽 "수호의 집으로 돌아온 것입니다."

수호의 마음은 어땠을까요? [상상하기]

–

47쪽 "그러면 하루의 피로가 스르르 풀렸습니다."

읽은 후 활동

재미있었나요? 무엇이 재미있었나요?

–

옛이야기 가운데 이런 이야기를 유래담이라고 합니다. 생겨난 이유를 말하고 있는 이야기이지요. 이런 이야기 혹시 알고 있는 것이 있나요? [이야기하기]

"그래서 무엇이 되었습니다." 이렇게 끝나는 이야기.

–

● **수업의 주안점**

옛이야기는 무엇보다 서사의 변화가 큰 장르입니다. 그래서 다음에 무슨 일이 일어났을까 하는 전개 양상이 옛이야기를 풍성하게 만드는 것입니다. 그 전개는 사실 예측할 수 있는 것도 많으며, 예측하지 못하는 부분 역시 존재합니다. 이 두 가지가 옛이야기를 흥미롭게 만드는 것이지요. 따라서 수업에서도 '그래서 어떻게 되었을까'가 중요한 활동으로 제시되었습니다. 말해보기도 하고, 써보기도 하면서 상상력을 길러내는 것이지요. 그리고 옛이야기의 상호텍스트성이란 독특한 성격에 기대어 비슷한 이야기를 찾아보는 것도 좋은 활동이 됩니다. 여기서는 같은 유래담 찾기로 해보았습니다.

14

「편식은 어려워」, 『나도 편식할 거야』

(유은실 동화), 사계절, 2011.

● 수업에 앞서

유은실은 우리 시대 가장 뛰어난 이야기꾼 중의 한 사람입니다. 『만국기 소년』, 『멀쩡한 이유정』은 고학년, 저학년 동화의 모범이 되기에 손색이 없는 작품입니다. 더욱이 그는 언어가 갖는 복합적이고 역설적인 중층적인 의미를 특히 잘 살리고 있습니다. 『나도 편식할 거야』란 작품집에 실린 작품들 역시 편식에 대한 부정적인 함축을 오히려 긍정적인 지향으로 바꾸어 냄으로써 이야기를 풀어갑니다. 「편식은 어려워」 역시 아이의 마음이 잘 나타나 있으며, 독특한 개성을 갖춘 어린 주인공의 말과 행동이 사뭇 웃음을 자아내고 있습니다. [경험, 정체성]

● 수업

읽기전활동

제목이 '편식은 어려워'네요. 편식이 뭐죠? 우린 보통 골고루 먹기가 어렵다고 하는데 이 작품은 오히려 편식이 어렵다고 하네요. 편식은 어려운가요? [낱말의 이해]

–

내가 가장 싫어하는 음식은? 좋아하는 음식은? [대화하기]

–

싫은 음식을 먹으라고 하면 어떻게 하나요? [대화하기]

–

오늘 읽을 작품은 편식에 관한 작품이랍니다. 잘 들어봐요.

읽는 중 활동

9쪽 8줄 "아니…… 넌 아무거나 잘 먹으니까. 혁이 반찬 투정할 때 주려고."

이 말을 들은 정아의 기분은 어떨까요? [상상하기]

–

11쪽 9줄

정아는 왜 편식을 하기로 마음먹었나요? [내용의 이해]

–

19쪽 3줄. 엄마는 정아를 더 사랑할까요? 오빠를 더 사랑할까요? 우리도 동생이나 오빠, 언니 때문에 속상했던 적이 있어요? 엄마는 누굴 더 사랑할까요? [내용의 이해]

–

*19쪽 13줄 "참 즐거운 하루였다."*라고 끝났네요. 왜 즐거운 하루라고 했나요? [내용의 이해]

–

읽은후활동

재미있었나요?

편식에 관한 이야기였어요. 남들은 편식을 하면 안 된다고 하는데, 주인공은 편식을 하고 싶어 하는데 어렵다고 하네요.

친구들도 좋아하는 음식, 싫어하는 음식이 있죠? 이런 음식들과 관련된 경험이 누구에게나 있을 거예요. 엄마한테 혼난 일이나 뭐든 잘 먹는다고 칭찬받은 이야기, 나중에 먹으려고 뒀는데 누군가가 홀랑 먹어버려 울었던 이야기 등등. 우리 이 경험을 바탕으로 일기를 써볼까요? [이야기하기]

–

● **수업의 주안점**

책 읽어주기에서 처음으로 들려주는 창작동화입니다. 우리 동화의 전통이 현실의 고통을 즐겨 다루었다는 것을 생각할 때, 1·2학년, 곧 아주 낮은 학년을 위해 읽어주기에 적합한 작품을 찾아내기가 쉽지 않습니다. 그리고 아무래도 낮은 학년은 그림책이 교실에서 활용하기에 효과적인 장르이기에 동화에 집착할 필요는 없답니다. 그래도 동화는 가만히 집중적으로 들으며 상상하는 활동을 이끄는 장르이기에 반드시 소개하고 들려주지 않으면 안 될 장르임은 분명합니다.

동화에서 중요한 발문은 '심리와 정서의 이해', '이어질 이야기 예측하기', '행위의 근거 찾기' 등이 중요하답니다. 동화란 결국 인물의 심리와 정서, 일어난 사건의 맥락, 그 맥락 속에서 인물의 선택 등이 중요하기 때문입니다. '정아의 기분은 어떠했을까요?', '그래서 정아는 어떻게 했을까요?', '왜 정아는 편식을 하기로 마음먹었나요?' 등의 질문이 예시일 것입니다. 읽은 후 활동에서는 겪은 일 쓰기와 같은 형식의 일기를 써보기로 했습니다. 누구나 경험하는 일이기에 좋은 활동이 되리라 생각합니다.

15

「학교에 간 개돌이」, 『학교에 간 개돌이』

(김옥 동화집), 창비, 1999.

● 수업에 앞서

강아지를 학교에 데려간다면 어떤 일이 일어날까요? 이 작품의 기본적인 창작 방법은 '다른 관점으로 보기'입니다. 집에서 주인인 준우를 늘 보던 관점과 달리 학교라는 다른 상황에서 준우를 보는 것이지요. 단연 다른 점들이 많이 보일 것입니다. 그런데 진짜 준우는 어떤 아이일까요? 어쩌면 학교에서 평가받는 준우와는 달리 집과 마을에서의 준우야말로 진짜 준우가 아닐까요? 아니면 그 두 모습 모두가 준우는 아닐까요? 이 모든 관점이 개돌이의 눈으로 유머러스하게 표현되어 있습니다. 이 작품을 쓴 김옥은 초등학교 선생님이기도 하답니다. 그러니 학교의 모습이

생생하게, 남도 사투리가 정겹게 묘사되고 있습니다. [학교, 자존감]

● 수업

읽기전활동

개돌이는 강아지 이름이에요. 내가 키우는, 혹은 키우고 싶은 동물은 무엇이며, 이름은 무엇으로 짓고 싶은가요? [대화하기]

–

개돌이가 학교엘 갔네요. 학교에 갈 수 있는 동물은? 갈 수 없는 동물은? [대화하기]

–

개돌이가 학교에 가면 무슨 일이 일어날까요? [상상하기]

–

읽는중활동

28쪽 1줄 "나는 오늘 우리 주인 준우를 따라 학교에 가 보기로 했어요. 준우가 아침마다 가방을 메고 가는 '학교'라는 곳이 무척 궁금했거든요."

지금 이야기하고 있는 '나'는 누구인가요? [내용의 이해]

–

29쪽 5줄 – 8줄 "개돌이, 너 후딱 집으로 가. 나는 시방 학교 가는 거여." "싫당께롱. 나도 학교 가고 싶단 말여, 멍멍."

이런 말을 사투리라고 해요. 사는 곳에서 쓰는 말법이지요. 어느 지

역 사투리일까요? 왜 사투리를 썼을까요? [낱말/문장의 이해]

–

32쪽 1–2줄 "나는 우리 주인 준우가 세상에서 제일 똑똑한 아이라고 생각해요."

개돌이가 생각하는 준우는 어떤 아이인가요? [내용의 이해]

–

33쪽 12줄 "나도 (신이 나서) 눈 위를 구르며 (재미있게) 놀았어요."

개돌이의 마음은 어떨까요? 마음을 담아 (　　)을 채워 이 문장을 새로 써볼까요?

–

46쪽 끝에서 3줄 "학교에서 준우는 대장이 아닌가 봐요."

학교에서 준우는 어떤 아이인가요? [내용의 이해]

–

읽은 후 활동

내게 학교는 어떤 곳인가요? [대화하기]

–

어떤 학교면 좋겠나요? [대화하기]

–

이 작품을 읽고 느낀 점은 무엇인가요? [대화하기]

–

자, 우리 학교에서의 준우와 집에서의 준우를 비교해볼까요?

[내용의 이해]

–

진짜 준우는 누구일까요? [대화하기]

–

이 작품은 우리에게 어떤 말을 걸고 있나요? [내용의 이해]

–

● **수업의 주안점**

이 작품이 '관점 바꾸기'라면 내용의 이해가 수업의 중심이 되어야 합니다. 어떤 관점인지 두 관점의 차이에 따라 준우의 평가를 내용에 대한 이해를 바탕으로 구성해야 하기 때문입니다. '학교에서의 준우', '집에서의 준우'를 비교하는 활동이 중심이 되는 활동이며, 이를 통해 어떤 준우가 참된 준우일지 생각해 보도록 합니다. 나아가 주제, 곧 작품이 하고 싶어 하는 말을 통해 한편으로 학교에서의 평가가 전부가 아님을 조금이나마, 어슴푸레하게나마 느낄 수 있게 하면 좋을 것입니다. 아이들은 학교에서 드러나는 능력뿐만 아니라 어쩌면 다른 능력 또한 풍부하게 지니고 있기 때문입니다.

● **수업의 실제**

읽기전활동

개돌이는 강아지 이름이에요. 내가 키우는, 혹은 키우고 싶은 동물은 무엇인가요?

그 동물의 이름은 무엇이라고 짓고 싶은가요?

– 예전에 같이 지내던 강아지 다 죽었어요.

– 저는 병아리를 키워요. 이름은 통이, 튼튼이, 막둥이.

– 고슴도치, 이름이 초코였는데… 죽었어요. 늙었거든요.

– 달팽이를 키워요. 한 마리가 죽었어요.

개돌이가 학교엘 갔네요. 학교에 갈 수 있는 동물은? 갈 수 없는 동물은?

– 강아지가 심심해서 그랬나 봐요.

개돌이가 학교에 가면 무슨 일이 일어날까요?

– 귀찮고 똥 쌀 것 같아요. 아무데나 막. 안 마려우면 안 싸.

– 선생님한테 혼나겠죠.

읽는 중 활동

28쪽 1줄 "나는 오늘 우리 주인 준우를 따라 학교에 가 보기로 했어요. 준우가 아침마다 가방을 메고 가는 '학교'라는 곳이 무척 궁금했거든요."

지금 이야기하고 있는 '나'는 누구인가요?

– 개돌이 입장에서 썼네. 개가 쓴 거야?

– 강아지가 말을 해요? 강아지가 말을 하면 아이큐 1000일걸.

– 개가 어떻게 사투리를 써.

29쪽 5줄 "개돌이, 너 후딱 집으로 가. 나는 시방 학교 가는 거여." 8줄 "싫당께롱. 나도 학교 가고 싶단 말여, 멍멍."

이런 말을 사투리라고 해요. 사는 곳에서 쓰는 말법이지요. 어느 지역 사투리일까요? 왜 사투리를 썼을까요?

–

32쪽 1–2줄 "나는 우리 주인 준우가 세상에서 제일 똑똑한 아이라고 생각해요."

개돌이가 생각하는 준우는 어떤 아이인가요?

– 멋져요. 똑똑해요 좀 쓸쓸한 애 운동을 잘할 것 같아요.

– 혼자서 학교 가니까 용감한 아이예요.

33쪽 12줄 "나도 (신이 나서) 눈 위를 구르며 (재미있게) 놀았어요."

개돌이의 마음은 어떨까요? 마음을 담아 (   )을 채워 이 문장을 새로 써볼까요.

– TV에 나오는 검정고무신에서 땡구도 학교에 왔었어요.

– 지각했겠다.

46쪽 끝에서 3줄 "학교에서 준우는 대장이 아닌가 봐요."

학교에서 준우는 어떤 아이인가요?

– 장난꾸러기, 노는 거 좋아하는 애, 말 안 듣는 애, 개구쟁이, 청개구리

– 공부를 못해요. 그걸 잘하면 뭐하냐, 축구, 야구를 잘해야지.

읽은후활동

내게 학교는 어떤 곳인가요?

– 학교 밖에서 나는 쫄병이다. 달리기도 못하고 멀리뛰기도 못하고 애벌레 도 못 잡고 구슬치기도 못한다. 그리고 철봉도 못 탄다. 하지만 학교에서는 대장이다. 만들기도 잘하고 덧셈 뺄셈도 잘한다. 나에게 학교는 대단한 곳이다. 우유도 주고 똑똑해지게 해주어서 대단하다.

– 학교에서는 잠이 온다.

– 학교 밖에서 나는 소설을 쓴다. 나만의 소설을, (아이들은 모르는 비밀) 학교는 공부방 같은 곳

– 가기 싫은 곳, 귀찮은 곳, 공부하기 싫은 곳

– 학교에서는 얌전한데 학교 밖에서는 까분다.

어떤 학교면 좋겠나요?

– 강아지 학교

– 계속 쉬는 시간인 학교

– 라면 먹을 수 있는 학교

– 쉬는 시간 30분 수업 시간 20분

– 언니랑 엄마 아빠가 같이 수업 들으면 좋겠다.

– 1교시 하고 바로 집에 가는 학교

– 친구가 날 놀리지 않으면 좋겠다.(친구가 놀리면 경보음이 울리는 학교)

– 하루 종일 운동장에서 노는 학교

이 작품을 읽고 느낀 점은 무엇인가요?

– 나도 학교 공부는 보통이고 재미없다. 그 대신 야구는 내가 모두 이길 수

있다.

– 나도 그네도 잘 타고 TV도 많이 봐서 게임도 잘하는데 시험 100점 맞은 적 한 번도 없다.

Ⅲ

3·4학년군 문학작품 읽어주기

1_ 3·4학년군 성취기준

먼저 3·4학년군의 성취기준을 제시하면 다음과 같습니다.

듣기/말하기

[4국01-01] 대화의 즐거움을 알고 대화를 나눈다.

[4국01-02] 회의에서 의견을 적극적으로 교환한다.

[4국01-03] 원인과 결과의 관계를 고려하며 듣고 말한다.

[4국01-04] 적절한 표정, 몸짓, 말투로 말한다.

[4국01-05] 내용을 요약하며 듣는다.

[4국01-06] 예의를 지키며 듣고 말하는 태도를 지닌다.

읽기

[4국02-01] 문단과 글의 중심 생각을 파악한다.

[4국02-02] 글의 유형을 고려하여 대강의 내용을 간추린다.

[4국02-03] 글에서 낱말의 의미나 생략된 내용을 짐작한다.

[4국02-04] 글을 읽고 사실과 의견을 구별한다.

[4국02-05] 읽기 경험과 느낌을 다른 사람과 나누는 태도를 지닌다.

쓰기

[4국03-01] 중심 문장과 뒷받침 문장을 갖추어 문단을 쓴다.

[4국03-02] 시간의 흐름에 따라 사건이나 행동이 드러나게 글을 쓴다.

[4국03-03] 관심 있는 주제에 대해 자신의 의견이 드러나게 글을 쓴다.

[4국03-04] 읽는 이를 고려하여 자신의 마음을 표현하는 글을 쓴다.

[4국03-05] 쓰기에 자신감을 갖고 자신의 글을 적극적으로 나누는 태도를 지닌다.

문법

[4국04-01] 낱말을 분류하고 국어사전에서 찾는다.

[4국04-02] 낱말과 낱말의 의미 관계를 파악한다.

[4국04-03] 기본적인 문장의 짜임을 이해하고 사용한다.

[4국04-04] 높임법을 알고 언어 예절에 맞게 사용한다.

[4국04-05] 한글을 소중히 여기는 태도를 지닌다.

문학

[4국05-01] 시각이나 청각 등 감각적 표현에 주목하며 작품을 감상한다.

[4국05-02] 인물, 사건, 배경에 주목하며 작품을 이해한다.

[4국05-03] 이야기의 흐름을 파악하여 이어질 내용을 상상하고 표현한다.

[4국05-04] 작품을 듣거나 읽거나 보고 떠오른 느낌과 생각을 다양하게 표현한다.

[4국05-05] 재미나 감동을 느끼며 작품을 즐겨 감상하는 태도를 지닌다.

5영역에 걸쳐 25개의 성취기준이 제시되어 있습니다. 이를 재구성하기 위해서는 활동에 따라 혹은 장르에 따라 통합하는 것이 바람직합니다. 하나씩 살펴보죠.

먼저 듣기/말하기 영역에서 첫 번째 성취기준은 '[4국01-01] 대화의 즐거움을 알고 대화를 나눈다.'입니다. 담화장르에 따르면 '대화하기'라고 할 수 있습니다. 두 번째 성취기준은 '[4국01-02] 회의에서 의견을 적극적으로 교환한다.'로 장르는 '회의', 활동은 '의견 말하기'로 정리될 수 있습니다. 세 번째는 활동이 중심이 되는 '원인과 결과의 관계 알기'로, 네 번째는 '적절하게 듣고, 말하기', 다섯 번째 역시 활동이 중심이 되는 '요약하기'입니다. 여섯 번째는 태도 항목으로 '듣고 말하는 예의 지키기'입니다. 그러니까 3·4학년군의 듣기/말하기 영역의 담화 장르는 '대화'와 '회의', 활동은 '의견 말하기', '원인과 결과 알기', '적절하게 듣기/말하기', '요약하기' 등이며, 태도는 '예의 지키기' 입니다.

읽기 영역의 성취기준은 활동으로 '문단과 글의 중심 생각 알기', '대강의 내용 간추리기', '낱말의 의미, 생략된 내용 추리하기', '사실과 의견 구별하기' 등이며, 장르로는 '사실과 의견 구별하기'에서 알 수 있듯 '주장하는 글 읽기'입니다. 그리고 태도 항목으로 '읽기 경험 나누기'가 있습니다.

쓰기 영역의 첫 번째 성취기준은 활동으로 '중심 문장과 뒷받침 문장 알기'이며, 두 번째 성취기준은 이야기 장르에서 '시간의 흐름에 따라 쓰기'입니다. 세 번째 성취기준은 '주장하는 글'의 장르로 '의견이 드러나게 쓰기'이며, 네 번째는 '마음을 표현하는 글쓰기'입니다. 마지막은 역시 태도 항목으로 '쓰기의 자신감과 쓴 글 나누기'입니다. 첫 번째는 단락 단위의 활동이며, 두 번째에서 네 번째는 각각 장르에 따른 중심적인 활동을 '이야기 장르 – 시간의 흐름', '주장하기 장르 - 의견 드러내기', '정서 표현 장르 – 마음 표현하기' 등으로 짜여 있습니다.

문법 영역은 독립적인 지식 항목들이 있는 것이 특징입니다. 3·4학년군에서는 '낱말의 분류', '낱말의 의미 관계' 등이 낱말의 범주에 해당하는 성취기준이며, '문장의 짜임 알기', '높임법' 등이 어휘를 아우르는 통사 수준의 성취기준입니다. 끝으로 태도 항목이 덧붙여져 있습니다.

마지막으로 문학 영역은 첫 번째 성취기준은 활동으로 '감각적 표현 알기', '인물, 사건, 배경 이해하기'로 서사장르에 해당하는 성취기준입니다. 다음은 '이어질 내용 상상하기'로 역시 이야기 장르의 활동과 연결되어 있습니다. 다음 성취기준은 '떠오른 느낌과 생각 표현하기'이며, 끝으로 역시 태도 항목이 제시되어 있습니다.

2_ 3·4학년군 성취기준의 재구성

그럼 각 영역의 경계를 살핀 다음 서로 연결될 수 있는 것을 묶어야 할 차례입니다. 어떻게 통합할 수 있을까요? 먼저 언어 단위를 기준으로 '낱말과 문장'에 관련된 것들을 통합할 수 있을 듯합니다. 이와 연관된 성취기준은 다음과 같습니다.

〈낱말과 문장〉

[4국04-01] 낱말을 분류하고 국어사전에서 찾는다.

[4국04-02] 낱말과 낱말의 의미 관계를 파악한다.

[4국04-03] 기본적인 문장의 짜임을 이해하고 사용한다.

[4국02-03] 글에서 낱말의 의미나 생략된 내용을 짐작한다.

관련 단원(학년-학기-단원): 3-1-4, 3-1-5, 3-1-7, 3-1-9, 3-2-2, 3-2-7, 3-2-8, 4-1-0, 4-1-7, 4-1-8, 4-2-5

대체로 문법 영역에 해당하는 성취기준들입니다. 낱말의 분류, 유의어와 반의어 등 낱말과 낱말의 관계, 기본적인 문장의 종류 등을 가르치는 것이 3·4학년군의 기초적인 문법적 이해 항목들임을 알 수 있습니다. 여기에 덧붙여 읽기에서 맥락에 따른 '낱말의 의미 추리'를 함께 묶었습니다. 같은 성취기준이지만 '[4국02-03] 낱말의 의미와 생략된 내용을 짐작한다.'는 것은 언어 단위 상으로 분리해도 좋은 성취기준이기 때문입니다.

다음은 '내용의 이해'로 묶일 수 있는 항목들을 통합해보았습니다.

〈내용의 이해〉

[4국01-03] 원인과 결과의 관계를 고려하며 듣고 말한다.

[4국01-05] 내용을 요약하며 듣는다.

[4국02-01] 문단과 글의 중심 생각을 파악한다.

[4국02-02] 글의 유형을 고려하여 대강의 내용을 간추린다.

[4국03-01] 중심 문장과 뒷받침 문장을 갖추어 문단을 쓴다.

[4국03-02] 시간의 흐름에 따라 사건이나 행동이 드러나게 글을 쓴다.

관련 단원(학년-학기-단원): 3-1-2, 3-1-5, 3-1-6, 3-1-8, 3-2-2,

3-2-3, 3-2-6, 3-2-8, 3-2-9, 4-1-2, 4-2-5, 4-2-7, 4-2-9

듣기/말하기에서 '요약하기', 읽기에서 '중심 생각 파악하기', '대강의 내용 간추리기' 등과 쓰기에서 '중심 문장과 뒷받침 문장' 역시 언어 단위로는 단락 속에서 이루어지는 것이기에 내용의 이해와 연결시켰습니다. 듣기/말하기에서 '원인과 결과 알기', 쓰기에서 '시간의 흐름에 따라 쓰기' 역시 같이 연결시켰습니다. 그러니 〈내용의 이해〉에는 간추리고, 요약하고, 중심 문장과 뒷받침 문장을 통해 소주제, 곧 '중심 생각'을 파악하는 것으로 연결되어 있습니다. '시간의 흐름'이나 '원인과 결과' 역시 요약이나 간추리기와 연결되는 것으로 보았습니다.

다음은 그저 있는 그대로의 '내용'을 이해하는 데에 그치지 않고, 한 걸음 더 나아가 겉으로 드러나지 않는 말과 글의 감추어진 부분을 찾아내는 '추리하기'의 활동입니다.

〈추리하기〉

[4국02-03] 글에서 낱말의 의미나 생략된 내용을 짐작한다.

[4국05-03] 이야기의 흐름을 파악하여 이어질 내용을 상상하고 표현한다.

관련 단원(학년-학기-단원): 4-1-2, 4-2-1, 4-2-6, 3-2-7

이 가운데 [4국02-03]에서 '낱말의 의미 추리'는 낱말로 통합하는 것이 적절할 듯하며, 여기에서는 '생략된 내용' 추리하고, '이어질 내용' 상상하기를 함께 결합할 수 있을 것입니다. '생략된 내용'은 논리적이며, '이어질 내용'은 창조적이란 구분은 사실 무의미합니다. 논리적으로 일관되지 않는 창조적인 상상은 존재하지 않기 때문입니다.

다음 역시 활동으로 '주장하기'에 해당하는 성취기준들입니다. 사실 주장하기는 담화장르이기도 하고, 활동이기도 합니다만 담화장르로는 5·6학년군에서 더욱 자세히 접근하기로 하고, 여기서는 사실과 의견, 의견 나누기 등 활동으로서의 주장하기로 이해하고자 합니다.

〈주장하기〉

[4국01-02] 회의에서 의견을 적극적으로 교환한다.

[4국02-04] 글을 읽고 사실과 의견을 구별한다.

[4국03-03] 관심 있는 주제에 대해 자신의 의견이 드러나게 글을 쓴다.

관련 단원(학년-학기-단원): 4-1-0, 4-1-4, 4-1-6, 4-1-8, 4-2-2, 4-2-3, 4-2-5, 4-2-8

이에 해당하는 성취기준은 듣기/말하기, 읽기, 쓰기 등에 하나씩 제시되어 있습니다. 사실과 의견을 구분하고, 의견을 적극적으로 표현하고 나누는 것입니다.

다음 통합할 대상은 주로 독후활동으로서의 듣기/말하기와 쓰기로 나타나는 '표현하기'입니다. 3학년부터 본격적으로 '한 학기 한 권 읽기'를 비롯한 독서의 중요성이 주요하게 등장하므로 성취기준 역시 이를 반영하고 있습니다.

〈표현하고 나누기〉

[4국02-05] 읽기 경험과 느낌을 다른 사람과 나누는 태도를 지닌다.

[4국03-04] 읽는이를 고려하여 자신의 마음을 표현하는 글을 쓴다.

[4국03-05] 쓰기에 자신감을 갖고 자신의 글을 적극적으로 나누는 태도를 지닌다.

[4국05-04] 작품을 듣거나 읽거나 보고 떠오른 느낌과 생각을 다양하게 표현한다.

관련 단원(학년-학기-단원): 3-1-0, 3-1-1, 3-1-4, 3-1-10, 3-2-0, 3-2-6, 3-2-7, 4-1-1, 4-1-3, 4-1-5, 4-1-10, 4-2-0, 4-2-2, 4-2-4, 4-2-7, 4-2-9

이 가운데 읽기와 문학 영역에 해당하는 [4국02-05], [4국05-04]는 모두 글이나 책, 문학작품을 읽고 난 다음의 느낌을 다루고 있습니다. 그리고 [4국03-04]의 '마음을 표현하는 쓰기', [4국03-05]에서 '자신감 있게 쓰고 나누기' 등이 모두 연결될 수 있다고 생각했습니다. 책을 읽고 느낌을 쓰거나 자신의 경험에서 마음을 표현하는 글을 쓰고, 이를 나누는 것을 중심적인 활동으로 삼고 있습니다.

다음은 장르에 해당하는 '대화하기'입니다. 1·2학년군에서와 마찬가지로 중요한 장르로 다루어지고 있습니다. 이에 해당하는 성취기준은 듣기/말하기에 집중되어 있으며, 다음과 같습니다.

〈대화하기〉

[4국01−01] 대화의 즐거움을 알고 대화를 나눈다.

[4국01−03] 원인과 결과의 관계를 고려하며 듣고 말한다.

[4국01−04] 적절한 표정, 몸짓, 말투로 말한다.

[4국01−06] 예의를 지키며 듣고 말하는 태도를 지닌다.

관련 단원(학년−학기−단원): 3−1−0, 3−1−3, 3−2−1, 3−2−4, 3−2−5, 3−2−9, 4−1−3, 4−1−6, 4−1−9, 4−1−10, 4−2−1, 4−2−3

'원인과 결과'는 '이야기 장르'에 해당하기도 하고, 활동으로 '내용의 이해'에 연결되기도 하지만, 일상적인 대화 속에서도 '인과관계'가 드러날 수 있기에 함께 대화로 묶기도 하였습니다.

그리고 3·4학년군에서는 문학만의 독특한 읽기를 제시하고 있습니다. 주로 문학 지식과 관련된 것입니다. '감각적 표현'과 관련된 '동시 읽기', '인물, 사건, 배경'으로 된 이야기 읽기 등이 문학작품에 초점을 맞춘 읽기들입니다. 여기에 '이어질 내용 상상하고 표현하기', '즐겨 감상하기' 등이 포함될 수 있습니다.

〈작품 읽기〉

[4국05−01] 시각이나 청각 등 감각적 표현에 주목하며 작품을 감상한다.

[4국05−02] 인물, 사건, 배경에 주목하며 작품을 이해한다.

[4국05−03] 이야기의 흐름을 파악하여 이어질 내용을 상상하고 표현한다.

[4국05−05] 재미나 감동을 느끼며 작품을 즐겨 감상하는 태도를 지닌다.

관련 단원(학년-학기-단원): 3-1-0, 3-1-1, 3-1-9, 3-1-10, 3-2-0, 3-2-1, 3-2-4, 3-2-9, 4-1-0, 4-1-4, 4-1-5, 4-2-0, 4-2-1, 4-2-4

끝으로 국어문화에 관한 성취기준들이 독립적으로 제시되어 있습니다.

〈국어문화〉

[4국04-04] 높임법을 알고 언어 예절에 맞게 사용한다.

[4국04-05] 한글을 소중히 여기는 태도를 지닌다.

관련 단원(학년-학기-단원): 3-1-3, 3-2-3, 3-2-5, 4-1-9, 4-2-3

우리말의 특성 중 하나인 높임법, 그리고 한글에 대한 태도 등이 제시되어 있습니다.

이렇게 보자면 3·4학년군의 통합된 성취기준군들은 8항목입니다. 언어 단위에 따른 '낱말과 문장', 활동을 중심으로 하는 '내용의 이해', '추리하기', '주장하기', '표현하기' 등, 장르에 따른 '대화하기', '작품 읽기' 그리고 '국어문화' 등이 있습니다. 1·2학년군과 비교하면 '자모의 이름과 소릿값', '인사말', '말놀이' 등이 1·2학년군에만 있는 활동과 장르들이었습니다. 3·4학년군에서는 '주장하기', '추리하기', '표현하기' 등이 심화된 형태로 새롭게 제시되고 있으며, '작품 읽기'가 새롭게 제시되었습니다. '내용의 이해', '대화하기', '국어문화'는 여전히 다채로운 기본적인 활동으로 구체화되어 있습니다.

다시 살펴보면 3·4학년군의 통합된 성취기준은 다음과 같습니다.

낱말의 의미와 관계 알기

내용의 요약과 중심 주제 알기

생략된 내용, 이어질 내용 추리하기

사실과 의견 구분하고 의견 표현하기

읽고 경험한 다음 느낌과 생각을 표현하기

대화에 적극적으로 참여하기

문학작품 읽기

국어문화(높임말, 한글사랑) 체득하기

그런데 이밖에도 이야기 장르를 중심으로 성취기준들 통합할 수도 있습니다.

〈이야기 장르〉

[4국01-05] 내용을 요약하며 듣는다.

[4국01-03] 원인과 결과의 관계를 고려하며 듣고 말한다.

[4국02-05] 읽기 경험과 느낌을 다른 사람과 나누는 태도를 지닌다.

[4국03-02] 시간의 흐름에 따라 사건이나 행동이 드러나게 글을 쓴다.

[4국05-02] 인물, 사건, 배경에 주목하며 작품을 이해한다.

[4국05-03] 이야기의 흐름을 파악하여 이어질 내용을 상상하고 표현한다.

[4국05-04] 작품을 듣거나 읽거나 보고 떠오른 느낌과 생각을 다양하게 표현한다.

[4국05-05] 재미나 감동을 느끼며 작품을 즐겨 감상하는 태도를 지닌다.

그러니까 사실 한 편의 그림책, 한 편의 동화를 읽고 나면 위의 장르와 연관된 성취기준들은 아주 손쉽게 작품을 읽고 나누는 가운데 학습할 수 있습니다. 모두 다 할 수 있기도 하고, 이 가운데 그 어떤 것이든 몇 가지 성취기준이든 연결시킬 수 있을 것입니다.

3_ 3·4학년군 문학작품 읽어주기의 실제

● 주의할 점

3·4학년군은 처음 교육과정에 명시된 대로 초보적인 단계를 넘어 이제 기초적인 국어능력을 길러야 할 때입니다. 담화의 크기도 전반적으로 '낱말과 문장'에서 '단락이나 텍스트' 자체로 이동하였으며, 개별적인 장르인 '주장하기', '이야기하기' 등의 핵심적인 특성에 관한 이해를 상정하는 성취기준들도 많이 나타하고 있습니다. 사실 언어능력이 가장 크게 확장 심화되는 연령대가 대체로 이 학년군이라고 보아도 무방하다면 이와 같은 장르의 확대와 활동의 심화는 자연스럽고 또 당연한 것이라 할 수 있습니다.

1·2학년군이 '정확성'에 치중하는 것과 달리 3·4학년군에서는 '적절성'을 중심에 두고 있습니다. 성취기준 '[4국01-04] 적절한 표정, 몸

짓, 말투로 말한다.'에서처럼 '적절한'이 거의 모든 성취기준들에 붙어 있다고 보아도 과장이 아닐 것입니다. 여기에는 정확성처럼 맞고 틀리는 것이 아니라, 다르다는 것이 중요합니다. 학습자들은 저마다 다른 관점과 다른 수준으로 각자의 국어활동을 해 나가야 할 것입니다.

특히 이 학년군에 가장 유용한 문학 장르는 동시와 동화입니다. 동시는 세상을 보는 새로운 관점을 잘 정돈된 언어를 통해 향유할 수 있습니다. 그리고 동화는 이야기의 힘에 기대어 무엇보다 이 또래 아이들에게 큰 즐거움을 안겨줍니다. 그리고 많은 성취기준들을 적절히 결합할 수 있는 잠재력이 아주 큰 장르임도 물론입니다.

01

『시간 상자』

(데이비드 위즈너 글/그림), 시공주니어, 2018

(초판 베틀북, 2007).

● 수업에 앞서

1·2학년군의 주요한 작품은 그림책이었습니다. 단순한 글, 매혹적인 그림, 둘이 엮어가는 재미있는 이야기 등 좋은 수업 자료가 되기에 충분한 장르입니다. 3·4학년군이나 5·6학년군에서도 그림책은 쓸모가 아주 많습니다. 생각할 거리를 많이 던져주는 작품이 조금만 살펴보면 많이 있습니다. 데이비드 위즈너는 주로 '글 없는 그림책' 작업을 많이

하였습니다. 그러니 글과 이야기를 채워가야 하는 일은 온전히 독자의 몫입니다. 3·4학년군의 아이들이 흥미롭게 접근할 수 있는 작품입니다. 게다가 이 작품은 상상하는 즐거움이 가득 차 있습니다. 그림을 꼼꼼하게 살피는 힘도 건네줄 수 있을 것입니다. **[글 없는 그림책, 상상하기]**

● 수업

읽기전활동

오늘은 아주 신기한 그림책을 한 권 볼 거예요. 게다가 이 그림책에는 글이 없어요. 글 없는 그림책이에요. 그러니까 그림을 아주 자세히 들여다보아야 해요.

제목은 '시간 상자'네요. 무슨 뜻일까요? **[낱말의 이해]**

–

표지를 보니 물고기들이 있어요. 가운데 반짝거리는 것은 무엇일까요?

–

정확히 잘 모르겠죠? 그럼 더 읽어보도록 해요. 아니 살펴보도록 할게요.

면지를 펼치면. 이건 뭘까요? 궁금하겠지만 또 참고 보도록 하죠.

이 페이지를 보니까 면지는 뭘 표현한 것 같아요? **[추리하기]**

– 모래밭

그래요. 가운데에 아이가 있어요. 삽을 들고 있고. 뭔가를 줍고 있어요. 바닷가에서 뭘 주울까요? 바닷가에서 주운 것 중 기억나는 것 있나요? **[내용의 이해]**

—

속표지를 보면 이런 것들을 주웠나 봐요. 여러 가지가 있네요. 파도에 쓸려 온 것들이에요.

읽는 중 활동

이건 또 뭐죠?

가까이서 본 소라게?

돋보기로 본 거네요. 옆에는 뭐가 있어요?

– 현미경, 망원경

이제 소년은 뭘 보고 있나요?

– 꽃게

어휴 파도가 덮쳤네요. 이건 뭐죠? [내용의 이해]

– 옛날 카메라

수중카메라였네요. 물속에서 사진을 찍을 수 있는 카메라.

소년은 어떻게 하나 볼까요?

왜 이렇게 놀랐을까요? 현상한 사진에는 무엇이 찍혔을까요? (마음껏 상상하게 한다.) [작품 읽기]

—

그다음 사진은? 그다음은? 그다음은?

이제 마지막 사진이네요. 무엇이 찍혀 있나요?

70배까지 현미경으로 확대를 했네요.

여러분이 만약 이런 경험을 하게 된다면 무슨 생각이 들까요? [표현

하고 나누기]

–

자, 이제 주인공 소년은 어떻게 했을까요? [작품 읽기]

–

계속 볼까요?

자, 다시 수중카메라는 많은 것들을 담고, 먼 열대의 한 소녀에게 도착했네요.

읽은후활동

어땠어요? 책을 읽고 어떤 느낌이 들었나요? [표현하고 나누기]

–

줄거리를 말할 수 있을까요? [내용의 이해]

–

지금 여러분은 무슨 생각을 하고 있나요? [작품 읽기]

–

자, 그럼 우리도 바닷속 상상화 그리기를 해볼까요? [표현하고 나누기]

우리가 알 수 없는 바닷속에서는 어떤 일이 일어날까요?

상상력을 최대한 발휘해봐요. 상상 속에서는 무엇이든 가능하니까요.

● 수업의 주안점

『시간 상자』는 전적으로 상상에 바탕을 둔 그림책입니다. '수중카메라'로 담아낸 물속 세상입니다. 이 수업에서 중요한 활동은 '내용의 이해'와 '예측하기'입니다. 상상을 최대치로 밀어나간 작품이기에 뒤 이어 어떤 이야기가 전개될지가 중요합니다. 그리고 상상을 밀어가기 위해서는 바탕이 되는 내용의 이해가 전제되어야 합니다. 이와 함께 이 그림책을 통해 이야기를 꾸며보는 활동도 적절할 것입니다. '글 없는 그림책'은 서사의 빈틈을 독자들이 능동적으로 채워 나감으로써 한결 풍부해지고 독자들마다 미묘한 차이를 드러냄으로써 이해의 폭을 넓히게 됩니다.

Zoom-in, Zoom-out과 같은 놀이가 있습니다. 자꾸 자꾸 축소해보거나 자꾸 자꾸 확대해보는 놀이죠. 그런 상상놀이 속에서 우리는 이 무한한 우주라는 공간 속에 얼마나 작은 존재인지를 느끼거나, 보이지 않는 곳에 얼마나 무수히 많은 생명체들이 있는지도 알 수 있게 된답니다. 이 작품은 작은 사진 한 장을 확대하고 또 확대해보면서 그 안에 담긴 이야기를 꺼내고 있습니다. 게다가 물속 세상을 상상으로 보여주고 있기도 합니다.

상상은 가장 인간적인 활동이라고 합니다. 어쩌면 타인의 기쁨과 고통을 공유하는 것도 상상하는 힘입니다. 지금 여기, 자신의 자리를 떠나서 해야만 하는 생각이기 때문입니다. 그러니 이 그림책을 통해 상상하는 것이 어찌 즐겁지 않겠는지요. 마음껏 상상하는 즐거움을 누리기 위해서는 '상상화 그리기'와 같은 독후활동이나 책을 읽은 다음의 경이로움을 서로 나누는 것이 좋을 활동일 것입니다.

● 수업의 실제

읽은후활동

상상화 그리기

고래 안에 물고기들 집이 들어 있다. 꼬리 쪽에는 물고기 놀이방이다.

바다에 사는 동물들이 나의 성을 만들어 바위로 감싼다.

미역 왕국에 미역 아빠, 미역 엄마, 애들이 가는 겁니다. 미역 왕궁에 도둑이 들어갈까 봐 병사들이 지키고 있습니다. 거북이는 햇님입니다. 미역들은 구름입니다.

02

『새끼 개』

(박기범 글/유동훈 그림), 낮은산, 2003.

● 수업에 앞서

우리 동화는 대부분 여리고 상처 입은 존재들을 주로 그려왔습니다. 권정생 선생님이 대표적인 작가지요. 『새끼 개』를 쓴 박기범 작가 역시 우리 동화의 전통에 잇닿아 있습니다. 여리고 상처 입은 존재들을 그려내는 작가입니다. 이 작품과 나란히 놓인 『어미 개』, 『미친개』 등의 연작들에 역시 '개'의 관점에서 그려낸 고통과 상처, 불화를 다루고 있습니다.

우리 아이들은 정말 동물들을 좋아합니다. 그러나 모든 관계 맺기에는 향유하는 즐거움과 함께 책임과 노력이 뒤따릅니다. 그것은 자신만의 관점을 넘어서서 다른 존재의 관점으로 투영해보는 상상의 힘을 필요로 합니다. 비록 비극적인 결말이지만, 삶의 빛깔은 꼭 한 가지만이 아니기에 이런 작품도 필요하고 또 소중하다 할 것입니다. **[동물이야기, 생명]**

● 수업

읽기전활동

내가 키우고 싶은 애완동물? 요즘은 반려동물이라고도 하지요.

어떤 동물을 키우고 싶은가요?

–

애완동물을 키우면 어떤 점이 좋을까요?

–

그런데 뭐든 키우려면 책임져야 할 일들도 있답니다. 어떤 일을 해야 할까요?

–

오늘은 강아지에 대한 책을 한 편 읽어볼 거랍니다. 제목은 '새끼 개'네요.

표지에 강아지 그림이 있네요. 이 강아지는 어떤 것 같아요?

–

그래요. 왜 이 강아지가, 그러니까 새끼개가 왜 이렇게나 슬픈 표정을 하고 있는지 작품을 읽어보면 알 수 있을 거예요. 같이 읽어봐요.

읽는 중 활동

14쪽 "하지만 두 아이는 새끼 개 마음이 어떤지는 몰랐다."

새끼 개 마음은 어땠을까요? [추리하기]

–

20쪽 "순한 눈망울이 예쁠 뿐이었다."

자, 새끼 개랑 두 아이에게 문제가 생겼네요. 어떤 문제인가요?

왜 다르게 생각하는 걸까요? [주장하기]

–

그리고 이야기는 이제 어떻게 될까요? [작품 읽기]

–

33쪽 "개가 짖어 대는 통에 시끄러워 살 수가 없다고."

이제 이야기는 어떻게 될까요?

–

38쪽 "아주 좋은 느낌. 따뜻하고 포근한."

또 이야기는 어떻게 될까요? [작품 읽기]

–

47쪽 "마음껏 달리고, 마음껏 기웃대며 노는 것이 처음이었다."

자, 또 이야기는 어떻게 될까요?

–

59쪽 "쌀쌀한 초가을 저녁이었다."

이야기가 끝났네요.

읽은 후 활동

어땠어요?

–

작품을 읽고 난 느낌을 써볼까요? [표현하고 나누기]

–

이 작품은 좋은 작품 같아요? 아니면 잘 못 쓴 작품 같아요?

좋은 작품이면 그 까닭은 무엇인가요? 안 좋은 작품이라면 그 까닭은 또 무엇일까요? [주장하기]

–

우리 다 함께 이 작품을 평가해볼까요? 별 점을 주는 건 어때요? 가장 좋으면 별 다섯 개, 너무너무 안 좋으면 별 한 개. 곰곰이 생각해 보고 주도록 합니다.

–

이 작품이 우리에게 말하고 싶은 것은 무엇인가요? [내용의 이해]

–

이 작품은 슬퍼요. 아주 슬픈 이야기였어요.

우리 이 이야기를 슬프지 않은 이야기로 바꿔봐요. 어때요? 할 수 있겠어요? [표현하고 나누기]

50쪽 "앞뒤 가릴 새도 없이 내달렸다. 가슴이 뛰었다." 여기에서부터 바꿔볼까요?

–

● 수업의 주안점

이 작품의 초점은 '새끼 개'의 관점에서 경험을 다시 살펴보는 일입니다. 그렇다 보니 자연히 '새끼 개'의 마음결이 중요합니다. '새끼 개'의 마음, '새끼 개'의 생각, 책을 읽고 난 다음의 '느낌' 등이 작품의 결에 맞는 활동입니다. 결말에 이르기까지 고통스러운 경험을 나누고 있습니다만 이 고통 역시 고통을 넘어서는 자리의 희망을 꿈꾼다는 점에서 현실주의 동화라고 할 수 있습니다. 그리고 결말의 비극적인 면모를 바꾸어 쓰는 것도 괜찮은 활동일 것입니다.

03

「내가 던진 돌」, 『오늘 떠든 사람 누구야?』

(윤해연 동화집), 비룡소, 2014.

● 수업에 앞서

단편집 『오늘 떠든 사람 누구야?』에는 저학년 아이들이 겪는 자잘한 일상들이 실감 있게 잘 표현된 작품들이 담겨 있습니다. 이 가운데 「내가 던진 돌」은 그럴 의도가 없었지만 결과적으로 작은 새를 죽게 만든 한 아이의 이야기를 담고 있습니다. 새로 동생이 생기는 것에 대한 까닭 모를 걱정에서부터 시작된 심리의 변화가 미묘하게 잘 드러나 있는 작품입니다. 모름지기 동화는 인물이 초점이 되는 이야기 장르입니다. 그러니 인물의 심리야말로 동화의 본질적인 구성 요소일 것입니다. [생명, 생태]

● 수업

읽기 전 활동

동생 있는 친구 손 들어봐요? 누나나 형이 있는 친구들은? 외동이인 친구는?

동생 어때요? 형이나 누나는? 싸우지 않고 잘 지내요? [대화하기]

–

외동이는 어떨 때 동생이나 형이 있으면 좋겠어요.

–

오늘은 동생에 대한 얘기를 담고 있는 작품을 읽어볼 거예요. 동생에 대한 이야기가 아닐 수도 있고요.

무슨 이야기일까요? 잘 들어봐요.

읽는 중 활동

35쪽 12쪽 "그런데 이 말을 들을 때면 항상 찬밥이 싫어진다."

'찬밥'이란 말은 무슨 뜻인가요?

내가, 그러니까 자기 자신이 찬밥처럼 느껴질 때는 언제인가요? **[낱말과 문장]**

–

38쪽 5줄 "어쭈, 요것 봐라! 바로 옆에 있는 돌멩이를 집어서 힘껏 던졌다."

어떻게 됐을까요? 새를 맞혔을까요? 아니면 엉뚱한 데로 날아가 엉뚱한 사람을 맞혔을까요? **[추리하기]**

–

40쪽 8줄 "힘내! 다시 날아 봐! 야, 새야! 이 멍청한 새야!"

지금 봉구 마음은 어떨까요? **[추리하기]**

–

43쪽 14줄 "결국 인생 자체가 아픔이지! 알겠냐?"

형 말은 진짜일까요? 인생은 어떨까요? 아픔일까요?

인생은 (　　)이다. 빈칸 메우기 한번 해볼까요? **[표현하기]**

–

47쪽 5줄 "숨이 차서 숨도 잘 쉬어지지 않았다."

봉구가 바위로 다시 가 봤네요. 왜 갔죠?

그럼 새는 어떻게 되었을까요? [추리하기]

–

48쪽 8줄 "갑자기 엄마가 너무 보고 싶었다."

왜 봉구는 엄마가 '갑자기', '너무' 보고 싶었을까요? [추리하기]

–

49쪽 8줄 "이번에는 주루룩 눈물이 흘렀다."

봉구는 왜 눈물을 흘렸을까요? [내용의 이해]

–

읽은 후 활동

자, 이렇게 이야기가 끝났네요.

뭘 얘기하고 있는 것 같아요? 작품이 말하고 있는 것은 뭐예요?

[내용의 이해, 표현하기]

–

그럼 우리도 이런 경험이 있나 생각해볼까요? 벌레나 물고기, 새를 잡거나 죽이거나, 아니면 꽃이나 나무를 꺾거나 한 일이 있나요?

왜 그랬고, 그때 어떤 생각이나 느낌이 들었는지 떠올려봅니다.

[표현하기]

자, 그리고 그 경험을 짧은 글로 써보기로 해요. [표현하기]

–

● **수업의 주안점**

우리 아이들도 더러 죽음에 대면할 때가 있습니다. 학교 앞 문방구에서 사 온 병아리가 죽어가는 것을 지켜보기도 하고, 오래 함께 살았던 고양이나 강아지의 죽음을 지켜보기도 하면서 성장해 갑니다. 그때 어떻게 경험과 감정을 갈무리할 것인지가 중요한 삶의 이정표가 됨은 분명합니다. 이 작품을 통한 활동에서는 주로 주인공 '봉구'의 심리적 갈등과 그 갈등을 추체험하게 하는 것이 뜻 깊은 활동일 것입니다. 그리고 문학작품을 온전히 감상하기 위해서는 자신의 경험 또한 마주 세울 수 있어야 합니다. 자신의 경험을 글로 써보고 함께 나눌 수 있도록 시간을 마련해 주도록 합니다.

04

『목기린 씨, 타세요!』

(이은정 동화), 창비, 2014.

● **수업에 앞서**

인권을 보는 관점은 생각보다 간단합니다. 스스로 선택한 것이 아닌 다음 차별 받아서도 해서도 안 된다는 것입니다. 성별, 연령, 민족, 언어, 혈통, 장애, 외모 등등은 선택한 것이 아니라 주어진 것입니다. 심지어 가난조차 대물림되는 것이라면 그로 인해 차별 받아서도 안 됩니다. 이은정의 동화는 목이 긴 목기린 씨를 통해 차별이 아닌 차이를 명료하게 인식합니다. 다행히 등장인물 모두 거리낌 없이 동의함으로써 목기린 씨는 마침내 버스에 탈 수 있게 됩니다. 그 과정에서 생기는 다양한 문제들을 이 짧은 동화는 우화적인 형식을 빌려 잘 표현하고 있습니다. 압축된 현실 사회와 같은 공간 속에서 인권의 문제가 해결되는 과정 또한 섬세하게 드러나고 있습니다. [인권, 차별]

● 수업

읽기전활동

오늘은 차이와 차별에 대해 알아볼까요? 차이와 차별은 어떻게 다르죠? [낱말과 문장]

–

차이는 다른 것이고, 차별은 그 다르다는 이유로 무시하고 얕보는 태도예요. 외국인이라고, 몸이 불편하다고, 키가 작다고 등등, 그 다른 점 때문에 차별을 해서는 안 되겠지요. 우리는 생활 속에서 차이인데도 불구하고 차별을 받았던 적이 있나요? [표현하고 나누기]

–

그럼 작품을 읽어보도록 해요. (제목과 표지를 보며) 주인공은 누구죠?

–

기린은 목이 아주 길죠. 만약 기린이 우리와 함께 산다면 어떤 불편을 겪을까요? [작품 읽기]

–

그럼 우린 기린의 불편함을 덜어주기 위해 어떻게 해야 할까요? 모둠별로 불편한 점 한 가지씩 들고, 그것을 해결하는 방법을 찾아볼까요? [주장하기]

–

다들 잘했어요. 그럼 이제 작품을 읽어볼게요.

읽는 중 활동

7쪽 8줄 '마을버스 천장을 높여 주세요!'는 이후 활동을 위해 빼고 읽어주시길…….

9쪽 끝 줄 "목기린 드림"

목기린 씨가 마을회관 관장에게 편지를 여러 차례 썼네요. 어떤 내용이었나요? 목기린 씨가 요구하는 것은 무엇인가요? [추리하기, 내용의 이해(인과)]

–

그런데 왜 목기린 씨는 버스를 타지 못할까요?

–

15쪽 끝 줄

고슴도치 관장은 어떤 인물인 것 같나요? [작품 읽기]

–

17쪽 8줄 "언젠가 돼지네 막내 꾸리가 한 말이 생각났습니다."

꾸리는 어떤 말을 했을까요? [추리하기]

–

18쪽 끝 줄 "헛기침을 하며 딴청을 피우기도 했지요."

마을 동물들은 왜 이렇게 했을까요? 이때의 마음은 어떠했나요?

[작품 읽기]

–

22쪽 13줄 "하지만 아무도 목기린 씨를 끼워 주지 않았어요."

왜 끼워주지 않았을까요?

–

25쪽 14줄 "제가 생각한 방법은요, 아주 간단해요!" [주장하기]

꾸리가 생각한 방법은 무엇일까요?

–

30쪽 6줄 "조금 더 기다리자 드디어 버스가 도착했어요."

자, 목기린 씨는 버스를 탔을까요? 혹시 타지 못했다면 왜 그랬을까요? [추리하기]

–

43쪽 5줄 "천장을 훌쩍 높인 마을버스 설계도를요."

목기린 씨가 설계도를 생각하고 있네요. 어떻게 생겼을까요? 여러분도 그려볼 수 있겠어요?

목기린 씨가 생각하는 설계도는 어떨지 그려볼까요? [표현하기]

– (활동: 발표)

52쪽 12줄 "목기린 씨는 조심스레 편지를 열어보았습니다."

편지에는 어떤 내용이 담겨 있을까요? [추리하기]

–

읽은 후 활동

마을사람들이 좋은 의견을 찾았네요. 어때요? 재미있었나요?

느낌을 말해볼까요? [표현하기]

–

이 이야기로부터 우리는 어떤 점을 배울 수 있을까요? [내용의 이해]

–

이 이야기처럼 서로 다르다는 이유로 차별을 받는 경우가 있을까요? 어떤 경험을 했는지 자신의 경험을 이야기해볼까요? [표현하기]

–

이 작품에는 목기린 씨의 편지가 자주 나왔어요. 우리는 이런 글을 건의문이라고 해요. 우리도 한번 건의문을 써볼까요? 건의하는 내용의 편지를요. 무엇을 누구에게 건의할까요? 어떤 내용을 담아낼까요? 받는 사람은 건의하는 내용에 따라 정하면 되겠지요. 그럼 모둠별로 건의하는 편지를 써봅시다. [주장하기]

– (활동: 발표)

● **수업의 주안점**

이 작품에는 인권이란 주제가 중심에 담겨 있습니다. 따라서 수업 역시 주제 중심의 수업이 되어야 할 것입니다. 차이와 차별을 명확하게 가르친 다음 우리 생활 속에서 발견되는 차별을 인식하고 개선해나가는 노력을 기울일 수 있는 단초를 아이들에게 심어주어야 합니다. 그러자면 동화는 좋은 자료로 손색이 없습니다. 나아가 사회과와 통합적으로 운영한다면 더 깊이 있는 탐구가 가능할 것입니다. 그리고 작품 속에 등장했던 건의문이란 새로운 장르를 실제 써보는 것도 도움이 될 듯합니다. 새로운 장르이기에 건의문을 쓰는 전체적인 과정을 경험해 보도록 해야 합니다. 더욱이 사회문제를 건의하는 것과 함께 『용돈 좀 올려주세요』(아마노 유우끼찌 글/오오쯔끼 아까네 그림, 창비, 2009)처럼 생활 속에서 누군가에게 자신의 생각을 건의하고자 할 때도 건의문이 필요하다는 점을 설명한다면 주제를 한층 쉽게 접근할 수 있을 것입니다. 작품을 읽는 가운데에는 다양한 인물들의 심리가 잘 짚어지면 좋겠습니다.

05

『책 먹는 여우』

(프란치스카 비어만 글/그림), 주니어김영사, 2001.

● 수업에 앞서

그림책의 꼴을 갖추고 있지만 사실 글이 아주 많은 이야기책이라고 보아도 무방한 작품입니다. 우화라는 장치 속에서 무엇이든 가능한 설정을 끌어들인

가운데 유머러스한 이야기 진행으로 아이들이 좋아하는 작품입니다. 그리고 책을 먹는다는 행위가 책을 읽는다는 상징적인 의미로 읽히기도 합니다. 결국에는 읽기가 쓰기로 연결되는 것도 당연하지만 소중한 귀결입니다. '나는 어떤 책을 먹고 싶은가?', '내가 먹어본 가장 맛있는 책은' 등과 같은 질문이 아주 적합합니다. 책에 대한 여러 생각들을 해볼 기회가 될 것입니다. [상상하기, 독서]

● **수업**

읽기전활동

주인공은 누구인가요?

–

여우는 무엇을 하고 있나요?

–

책을 먹는다는 것은 어떤 의미일까요? [낱말과 문장]

–

이 이야기의 내용은 무엇일까요? [내용의 이해]

–

읽는중활동

"먹고 싶은 마음도 쑤욱 쑥 더 자라났어요."

여러분도 이런 적 있나요? 먹으면 먹을수록 더 먹고 싶어지는 것?

–

"아주 좋은 시절은 다 끝나 버린 거예요."

이제 여우 아저씨는 어떻게 했을까요?

–

"뿐만 아니라 비단결처럼 곱던 털도 점점 윤기를 잃어 갔지요."

여우 아저씨는 어떤 책을 먹었나요? 그래서 어떻게 됐죠? [내용의 이해]

–

"순간 초인종이 울렸어요?"

누가 찾아왔을까요? [추리하기]

–

"그런데 문득 기가 막힌 아이디어가 떠올랐어요."

어떤 아이디어일까요? [작품 읽기]

–

"생각이 줄줄 흘러나오는 것만 같았어요."

왜 생각이 줄줄 흘러나오는 것만 같았을까요?

–

"어딘가 들렀다 갔어요."

어디를 들렀을까요?

–

"우리들만의 비밀이니까요?"

왜 소금과 후추가 들어 있었을까요?

–

읽은 후 활동

재미있었어요? 무엇이 재미있었나요? [표현하기]

–

느낌을 한 줄로 휘리릭 써볼까요? [표현하기]

–

이 책에서 여우 아저씨는 책을 먹었어요? 책을 먹는다는 것을 무엇을 뜻할까요? [낱말의 이해]

–

책에는 여러 가지 맛이 있어요. 여러 친구들이 먹어본 책의 맛은 어땠나요? 가장 맛있는 책은 무엇이었나요? 왜 가장 맛이 있었나요?

–

우리도 이제 책을 읽을 때마다 꼭꼭 씹어서 잘 소화시켜야겠어요. 그리고 책을 읽을 때마다 어떤 맛인지 음미해보도록 해요.

–

우리가 먹어본 가장 맛있는 책은? [표현하기]

–

내가 읽은 책의 맛은?(책 이야기하기)

–

● 수업의 주안점

3학년에 들어 '한 학기 한 권 읽기'가 본격적으로 교과서 내용으로 제시되고 있습니다. 그에 발맞춰 이 작품은 책을 읽는다는 독서 행위를 '책을 먹는다'는 상징적인 의미로 재미있는 이야기를 들려주고 있습니다. 여우 아저씨가 책을 먹기 위해 벌일 일들을 차례차례 쫓아가다 보면 마침내 읽기가 쓰기로 옮겨지는 것도 읽기와 쓰기의 본질을 알려주는 적절한 변화라고 할 수 있습니다. 완전한 그림책이라기보다는 글이 많은 이야기책이기는 합니다만, 풍부한 그림이 책을 읽는 재미를 한껏 부풀려 주는 작품입니다. 어린이에게 가장 좋은 책은 무엇보다 재미있는 책입니다. 재미의 의미는 사람들마다 다르겠지만. 그런 점에서 이 작품은 재미라는 점에서 아주 훌륭한 작품입니다.

▬ 06

『노란 양동이』

(모리야마 미야코 글/쓰치다 요시하루 그림),

현암사, 2000.

● 수업에 앞서

일본 작가의 작품입니다. 역사적 경험의 차이로 말미암아 우리네 작가들은 주로 현실의 고통과 맞서는 것이 특징입니다. 반면 일본 작가들은 우리 작가와 달리 개인의 마음속 움직임을 잘 표현하고 있습니다. 이 작품에서도 유감없이 잘 짜인 이야기의 단단함, 서정적인 인물의 마음, 결말의 매끄러운 교훈 등이 표현되어 있습니다. 이 작품을 통해 우리는 '갖고 싶은 것', '갖기 위한 노력', 그럼에도 '갖지 못했을 때의 추스르기' 등 삶의 전반으로 확대되어가는 가르침을 배울 수 있습니다. 어린이들은 비록 명료하게 인식하지 못하고, 또 그 교훈으로 삶을 보는 다른 눈을 갖지는 못할지라도, 좋은 작품들이 쌓이고 쌓인다면, 가랑비에 옷이 젖듯 조금은 더 멋진 사람으로 성장해갈 것입니다. [간절한 바람, 주제]

● 수업

읽기전활동

오늘은 아주 예쁜 이야기를 하나 들려줄게요.

여우가 주인공이에요. 아기 여우.

제목은 '노란 양동이'네요.

여우가 아주 갖고 싶은 물건이에요.

여러분도 갖고 싶은 물건이 있나요?

그것은 무엇인가요? 왜 갖고 싶은가요? [대화하기]

–

그 물건을 갖기 위해서는 어떻게 해야 할까요? [주장하기]

–

아기 여우는 양동이를 갖고 싶어 해요. 그럼, 어떤 이야기가 펼쳐지나 잘 들어보도록 해요.

읽는 중 활동

24쪽 "아기 곰이 고개를 끄덕이며 말했어요. 정말! 아주 오래전부터 여우 네 것이었던 것 같아! 아기 토기도 말했어요."

이 말을 들은 아기 여우의 마음은 어떨까요? [추리하기]

–

28쪽 "아기 여우가 물었어요."

계속이라면 어느 정도일까요? [작품 읽기]

–

32쪽 "양동이만 바라보았어요."

아기 여우는 지금 어떤 마음일까요? [추리하기]

–

38쪽 "양동이 가장자리를 두드렸어요."

아기 여우는 왜 이러는 걸까요?

–

53쪽 "이름을 쓰는 시늉을 했어요."

아기 여우는 왜 이러는 걸까요?

–

67쪽 "그리고 드디어,/월요일."

양동이는 어떻게 되었을까요? 있었을까요? 아니면 없어졌을까요? [작품 읽기]

–

70쪽 "아기 곰과 아기 토끼가 말했어요."

아기 여우는 어떻게 했을까요?

–

74쪽 "괜찮아! 정말."

자, 정말 아기 여우는 괜찮은 걸까요? [작품 읽기]

–

읽은후활동

어떤 느낌이 들었나요?

–

이 이야기는 어떤 말을 우리에게 들려주고 있나요? [내용의 이해]

–

뒷이야기를 바꾸어 써볼까요? *"그리고 드디어, /월요일."* 이다음부터요.

[표현하기]

–

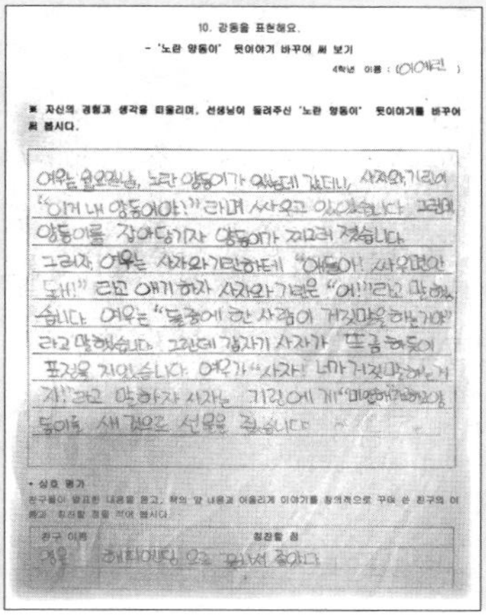
10. 감동을 표현해요.
- '노란 양동이' 뒷이야기 바꾸어 써 보기
4학년 이름 : (이예린)

※ 자신의 경험과 생각을 떠올리며, 선생님이 들려주신 '노란 양동이' 뒷이야기를 바꾸어 써 봅시다.

여우는 월요일날, 노란 양동이가 있는데 갔더니, 사자와 기린이 "이게 내 양동이야!"라며 싸우고 있었습니다. 그런데 양동이를 잡아당기자 양동이가 찌그러졌습니다. 그러자 여우는 사자와 기린한테 "애들아! 싸우면 안 돼!" 라고 얘기하자 사자와 기린은 "어!" 라고 말했습니다. 여우는 "둘 중에 한 사람이 거짓말을 하는 거야" 라고 말했습니다. 그런데 갑자기 사자가 조금 허둥대는 표정을 지었습니다. 여우가 "사자! 너가 거짓말 하는 거지!" 라고 말하자 사자는 기린에게 "미안해" 하고 양동이를 새 것으로 선물을 줬습니다.

• 상호 평가
친구들이 발표한 내용을 듣고, 책의 앞 내용과 어울리게 이야기를 창의적으로 꾸며 쓴 친구의 이름과 칭찬할 점을 적어 봅시다.

친구 이름	칭찬할 점
경우	해피엔딩으로 끝나서 좋아요

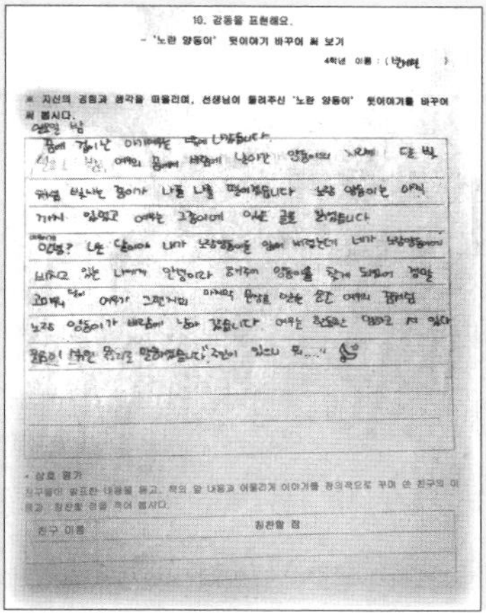
10. 감동을 표현해요.
- '노란 양동이' 뒷이야기 바꾸어 써 보기
4학년 이름 : ( )

※ 자신의 경험과 생각을 떠올리며, 선생님이 들려주신 '노란 양동이' 뒷이야기를 바꾸어 써 봅시다.

[illegible]

• 상호 평가
친구들이 발표한 내용을 듣고, 책의 앞 내용과 어울리게 이야기를 창의적으로 꾸며 쓴 친구의 이름과 칭찬할 점을 적어 봅시다.

친구 이름	칭찬할 점

● 수업의 주안점

이 작품은 시간의 순서에 맞게 짜여 있습니다. 월요일부터 그다음 월요일까지 일어난 일들을 차례로 펼쳐 보이고 있습니다. 그러니 논리적인 인과는 아니지만 시간적인 선후에 따른 이야기의 흐름을 정리하기에 좋은 작품입니다. 그리고 '읽는 중 활동'을 통해 인물의 행동을 설명하고, 행동에 감추어져 있는 인물의 심리를 파악하는 것도 좋은 활동일 것입니다. 나아가 작품이 갖는 아쉬움을 '뒷이야기 바꾸어 쓰기'로 조금은 달래 보는 것도 괜찮은 활동이라 생각됩니다. 또 앞의 작품 『새끼 개』와 비교하여 '나는 어떤 작품이, 어떤 부분이 더 좋은가' 비교해 보는 활동도 뜻깊은 활동이 될 것입니다.

07

『당나귀 실베스터와 요술 조약돌』

(윌리엄 스타이그 글/그림), 다산기획, 1994.

● 수업에 앞서

마법의 세계에서는 늘 마법 같은 일이 일어나고는 합니다. 아이들은 사실 이런 판타지의 세계에 아주 익숙합니다. 꿈꾸는 존재이기 때문입니다. 게다가 판타지는 아이들의 삶에 반드시 필요한 것이기도 합니다. 무엇보다 아이들은 현실의 고통을 이겨낼 어떤 힘도 없기 때문입니다. 마법 같은 판타지를 통해 아이들은 그나마 고된 현실을 넘어설 수 있게 됩니다.

이 작품의 주인공 당나귀 실베스터는 엉겁결에 그만 바위로 변하고 맙니다. 그 막막함과 어찌할 수 없음이, 실베스터를 찾아다니는 부모의 마음이 작품 속에는 잘 표현되어 있습니다. 그리고 그 간절함이 마침내 소망을 충족케 만들어줍니다. 이 그림책은 새롭게 창작된 옛이야기의 힘을 잘 느낄 수 있는 작품입니다. [가족, 옛이야기, 상상하기]

● 수업

읽기 전 활동

'요술 조약돌'이 제목에 있네요. 어떤 요술을 부릴까요?

선생님이 읽은 책 중에는 『새앙쥐와 태엽쥐』(레오 리오니 글/그림, 마루벌, 1999)라는 그림책이 있었어요. (읽어줘도 괜찮아요.) 여기에도 요술 조약돌이 나와요. 이 이야기는 매일 사람들에게 쫓겨다니기만 하는 생쥐 이야기예요. 구박만 받던 생쥐에게 친구가 생기죠. 태엽쥐예요. 태엽쥐는 항상 사람들에게 사랑을 받아요. 그것이 부럽기만 한 생쥐는 도마뱀을 찾아가 어떻게 하면 소원을 이룰 수 있느냐고 물어요. 그러자 도마뱀이 달이 높이 뜬 날 보랏빛 조약돌을 주우면 그 조약돌에게 소원을 빌라고 알려줘요. 그런데 조약돌은 쉽게 찾을 수 없었어요. 그런데 생쥐의 친구인 태엽쥐가 결국 사람들에게 버려져요. 낡고 고장 났기 때문에. 친구를 잃은 슬픔에 잠겨 있던 생쥐의 눈에 마침내 보랏빛 조약돌이 나타나요. 그 보랏빛 조약돌을 주운 생쥐는 간절하게, 아주 간절하게 소원을 빌어요. 어떤 소원을 빌까요? 그래요. *"태엽쥐를 새앙쥐가 되게 해주세요."* 이렇게 소원을 빌어요. 어둡고 컴컴한 집으로 돌아온 생쥐를 반겨준 건 누구일까요? 그래요. 바로 생쥐로 변한 태엽쥐였어요.

그렇다면 여러분은 어떤 요술 조약돌을 갖고 싶은가요?

그 조약돌이 어떤 요술을 부릴 수 있으면 좋을까요? **[대화하기]**

–

이 그림책에도 요술 조약돌이 나와요. 이 요술 조약돌은 어떤 마법을 부릴까요? 들어보세요.

읽는 중 활동

*7쪽 "비가 그쳤으면 좋겠네."*라고 말했습니다.

어떻게 되었을까요? **[추리하기]**

–

15쪽

실베스터는 어떻게 했을까요?

–

17쪽

자, 이제 어떻게 되었을까요? **[추리하기]**

–

19쪽

실베스터가 다시 당나귀가 되려면 어떻게 해야 한다고 했나요? **[내용의 이해]**

– 빨간 조약돌을 누군가가 쥐고서 바위더러 당나귀가 되라고 말을 해주는 것

어때요? 이런 일이 과연 일어날까요?

–

47쪽

이제 어떻게 되었을까요? [추리하기]

–

읽은후활동

어때요? 재미있었나요? 무엇이 재미있었나요? 어떤 장면이 가장 인상적이었나요? [표현하기]

–

'내가 갖고 싶은 요술 조약돌'이란 제목으로 글을 한 편 써볼까요? [표현하기]

–

● **수업의 주안점**

잘 짜인 이야기는 언제나 이어질 내용의 궁금증을 불러일으킵니다. 옛이야기는 더욱이 복잡하고 섬세한 원인과 결과의 짝으로 이루어져 있지 않고, 무엇이든 가능한 아주 활달한 상상력을 갖고 있기에 이어질 내용을 생각해 보는 것이 중요합니다. 그러나 옛이야기를 모두 읽거나 듣는다면 이 중요한 활동을 할 수 없게 됩니다. 다음 쪽을 펼치면

바로 답이 나오기 때문입니다. 아마도 '작품 읽어주기'가 빛을 발하는 것도 이 활동 때문이기도 합니다. 읽는 중 활동은 이야기의 전개나 인물의 심리나 행동을 예측할 수 있게 해줍니다. 이 작품이 옛이야기의 문법에 충실한 작품이라면 '이어질 내용 예측하기'가 아주 주요한 활동이 될 수 있을 것입니다.

08

「이야기 주머니 이야기」

(최원오 풀어씀), 『동동이로 배우는 국어교과서』, 상상의힘, 2014.

● 수업에 앞서

앞서 우리는 옛이야기의 짜임을 가진 작품을 함께 읽었습니다. 이번에는 우리 옛이야기는 어떨까요? 최원오가 풀어쓴「이야기 주머니 이야기」는 이야기의 본질을 담고 있습니다. 혼자만 담아두는 것이 아니라 다른 이에게 들려줌으로써 비로소 이야기의 기능을 다할 수 있다는 것입니다. 옛이야기에 세 번에 걸친 시험, 결핍된 그러나 충직한 인물인 하인의 문제 해결, 여행 등 여러 요소들이 두루 나타나는 작품입니다. 이 작품을 통해 옛이야기의 맛과 멋을 익힐 수 있을 것입니다. [옛이야기, 이야기의 즐거움]

● **수업**

읽기전활동

여러분, 옛날이야기 좋아하죠? 혹시 아는 옛이야기가 있나요?

–

그래요. 재미있는 이야기네요. 그럼 선생님도 이야기 한 편을 들려줄게요. 오늘 들려줄 이야기는 이야기에 관한 이야기예요. 귀신도 등장하고요. 어떤 귀신? 이야기 귀신이랍니다. 잘 들어봅니다.

읽는중활동

262쪽 12줄 "일 년 동안을 그랬어."

서당에서 공부하는 학생이 등장하죠? 이야기를 듣고는 어떻게 했나요?

–

265쪽 15줄 "두껍아, 이 밥을 먹고 우리 주인을 살려 다오."

이야기 소리가 들렸어요. 누구의 이야기인가요? **[추리하기]**

–

그런데 왜 이렇게 신랑을 죽이려고 드는 걸까요? **[내용의 이해]**

–

자, 이야기 귀신은 신랑을 어떻게 죽이려고 했고, 하인은 어떻게 신랑을 구했나요? **[내용의 이해]**

–

읽은 후 활동

다음은 같은 이야기를 담고 있는 그림책입니다. 무엇이 같고 무엇이 다른지 잘 찾아보면서 들어봐요. [작품 읽기]

『이야기 주머니 이야기』

(이억배 글/그림), 보림, 2008.

– (활동: 모둠 발표)

자신이 알고 있는 옛이야기를 친구들에게 들려줘 봅시다. [표현하기]

– (활동)

● **수업의 주안점**

아이들은 이야기를 좋아합니다. 좋아하는 것이 뜻 깊은 것이라면 안 건네줄 까닭이 없겠지요. 이 수업에서는 이야기의 본질에 초점이 있습니다. 이야기를 나누는 즐거움을 함께 익히면 좋겠습니다. 그러니 원래 수업의 작품보다 아이들이 알고 있는 옛이야기를 서로 나누는 마지막 활동에 주의를 기울이면 좋을 듯합니다. 모둠별로 이야기를 서로 나누고, 그 가운데 학급 전체에서 발표해도 좋을 이야기를 한 편씩 선정하여, 직접 이야기 들려주기를 할 수 있을 것입니다. 이야기 마당을 한 판 벌이는 것이지요. 이야기꾼은 입말의 특성을 잘 살려 구수하게 이야기를 할 수 있도록 지도합니다. 이는 '경험 이야기하기'와 연결되는 활동으로 중요한 성취기준을 충족시킬 수 있을 것입니다.

▬ 09

「어떤 아이가」, 『어떤 아이가』

(송미경 동화집), 시공주니어, 2013.

● 수업에 앞서

송미경은 아주 독특한 상상력이 돋보이는 작가입니다. 현실과 판타지를 매끄럽게 뒤섞어 삶을 약간은 미소 지으며, 또 약간은 갸우뚱하며 생각해보게 만듭니다. 이 작품집 『어떤 아이가』에 실려 있는 단편들도 한결같이 비슷한 느낌을 안겨줍니다. 이 가운데 「어떤 아이가」와 「어른동생」이 교실로 끌어오기에 적합한 작품일 것입니다.

「어떤 아이가」는 소통하지 않는 가족을 문제 삼습니다. 그리고 그 가족과 함께 살았던 아이를 통해 현실을 비춰 보이고 있습니다. 귀신 이야기와 흡사한 구조를 지니기에 아이들도 정말 재미있게 감상할 수 있는 작품입니다. [가족, 소통]

● 수업

읽기전활동

우리는 가족과 함께 삽니다. 물론 최근에는 여러 종류의 가족 형태가 있습니다. 할아버지 혹은 할머니와 손주, 엄마 혹은 아빠와 아들딸, 아니면 이러저러한 사연으로 새로 가족을 이룬 이들도 많습니다. 그래도 가족이 함께 산다는 것은 변함이 없겠지요. 특히 여러분과 같은 어린이들에게는 가족이 꼭 필요하답니다.

그렇다면 우리 가족은 어떤 가족인가요? 화목한 가족인가요? 서로 바쁜 나머지 일주일에 한두 번밖에 보지 못하는 것은 아닌가요?

보통 '식구'라고 하면 밥을 함께 먹는 사람들이란 뜻입니다. 우리 가족은 얼마나 자주 밥을 같이 먹나요?

–

우리는 이제 가족이란 문제를 다루는 동화 한 편을 읽을 거예요.

제목은 '어떤 아이가'네요. 자, 읽어볼까요?

읽는 중 활동

17쪽 "서랍과 가방과 호주머니 속에서도 나왔어요."

어떻게 된 일일까요? **[추리하기]**

–

22쪽 "아무리 생각해도 이 쪽지들이 붙은 건 어젯밤 일일 텐데……."

자, 아무래도 이 가족은 뭔가 문제가 있는 것 같네요. 어떤 문제인가요?

–

그러고 보니 주인공 이름이 '문재'인 것도 문제네요. 우연일까요, 작가가 일부러 이렇게 한 걸까요? **[작품 읽기]**

–

27쪽 "그 쪽지엔 이렇게 써 있었답니다."

어떻게 써 있었을까요? 어떤 내용일까요? 여러분도 한번 써볼까요?

[표현하기]

– (활동: 포스트잇에 쓰고 발표)

그럼 이제 이 '어떤 아이'가 쓴 마지막 쪽지를 볼까요?

읽은후활동

어때요? 재미있었어요? 귀신 이야기 같죠?

진짜 있었던 일일까요? 진짜라고 생각하는 사람? 거짓말이라고 생각하는 사람?

왜? [주장하기]

–

어쩌면 세상에는 우리가 알지 못하는 일도 있는 것 같아요. 이 '어떤 아이'처럼요.

그런데 '어떤 아이'는 어떤 집에서 사나요?

–

그렇다면 이 이야기는 무엇을 말하고 있나요? 그러니까 주제는 뭘까요?

[내용의 이해]

–

그럼 이제 여러분이 '어떤 아이'라고 생각하고, 여러분의 가족 가운데 한 사람을 골라 말하고 싶은 메모를 한번 써볼까요? [표현하기]

– (활동: 발표)

● 수업의 주안점

가족을 주제로 삼은 작품입니다. 한집에 살지만 소통하지 않는 가족. 아마도 우리네 가족과 비슷할 것입니다. 그럼 아마도 그 가족 구성원 한 사람, 한 사람에게 하고 싶은 말, 바람 등이 담긴 작은 글을 쓰는 것이 좋은 활동이 될 것입니다. 그리고 이야기의 독특함으로 말미암아 '인물, 사건, 배경'을 정리하는 것도, 감상을 나누는 것도 좋을 활동일 것입니다.

● 수업의 실제

교사: 오늘 함께 읽을 작품은 「어떤 아이가」라는 동화예요. '어떤 아이'는 어떤 아이일까요?

– 정상인 아이요.

– 멍청한 아이요. 생김새가 다르고 생각하는 것도 좀 모자란 아이요.

– 보통보다 사차원적인 생각을 하는 아이일 것 같아요.

– 자폐증을 가진 아이요.

– 친구들과 다른 아이요.

– 다른 아이들과 다를 것 없는 평범한 아이를 말할 것 같습니다.

– 생김새가 좀 다른 아이일 것 같습니다. 그냥 아이가 아니라 어떤 아이라고 했으니까 뭔가 특별할 것 같아서요.

교사: 왜 문재는 어떤 아이를 발견하지 못했을까요?

– 어떤 아이는 형체가 없기 때문입니다.

– 귀신인가 봐요.

– 맨날 침대 밑에 숨어 있는 게 아닐까요.

– 몰래 숨어 있다가 사람들이 없을 때만 돌아다녀서 눈에 띄지 않는 것 같아요.

– 문재가 매일 이불을 쓰고 있다고 하니까 관심을 안 가져서 못 봤을 것 같아요.

– 곁에 있는데 사람들이 신경을 안 써서 그런 것 같아요.

교사: 왜 서랍이나 주머니 속에서도 쪽지가 나왔을까요?

– 수아 누나가 몰래 와서 넣었을 것 같아요.

– 수아 누나는 멀리 있는데 어떻게 오니?

– 어떤 아이는 사실은 엄마인 거 아닐까요?

– 엄마는 어른이지 아이는 아니잖아. 아이라고 했는데.

– 어떤 아이의 정체는 잘 모르겠지만 가족 몰래 주머니 속이나 서랍 같은 곳에 쪽지를 넣었을 것 같아요.

– 형아 친구일 것 같아요.

– 문재 자신이 넣었는데 밤에 돌아다녀도 잘 모르는 병 같은 게 있거나 해서 자신이 넣은 줄도 모르고 있는 게 아닐까요?

– 몽유병 말이니?

– 하하하.

– 어떤 아이는 문재가 감고 있는 반쪽 눈이 아닐까요? 문재는 항상 반쪽 눈만 뜨고 다니니까 문재의 반쪽 눈과 관계가 있을 것 같아요.

교사: 음. 그럴지도 모르겠네.

– 만약 어떤 아이가 귀신이라면 아마도 억울하게 죽어서 돌아다니는 영혼일 것 같아요.

– 맞아요. 영혼이 있는 것 같아요.

교사: 슬슬 무서운 이야기가 되어가네.

– 예건이가 말한 건 만화에 주로 나오는 스토리예요.

– 이사 오기 전에 어떤 집에 살았던 아이가 계속 그 집에 살면서 벌어진 일 아닐까요?

– 아이들끼리 그냥 한 장난에 상처받은 어떤 아이의 억울한 영혼이 이 집에 남아 있는 것 같아요.

– 그 집이 있던 자리가 무덤이 있던 자리라서 그런 것 아닐까요?

– 제가 읽은 책 중에 『청소부 브라운』이라고 있는데, 가족 몰래 와서 청소를 해놓고 가거든요. 어떤 아이는 어쩌면 이 가족 대신 청소를 도와주는 아이일 것 같아요.

교사: 좋아요. 그럼 계속 읽어볼까요?

교사: 이 가족은 평범한 가족은 아니죠? 무슨 문제가 있는 것 같아요. 어떤 문제가 있나요? 작가는 왜 주인공의 이름을 '문재'라고 했을까요?

– 식구들끼리 서로 관심이 없어서요.

– 기억을 잘 못 하는 것이 문제입니다.

– 식구들끼리 친근하지 않은 것이 이상하고 문제가 있는 것 같아요.

– 각자 자기밖에 모르고 남에 일에는 신경을 안 씁니다.

– 작가가 일부러 그렇게 한 것 같아요. 집에 문제가 많아서 주인공 이름을 일부러 문재로 붙인 것 같아요.

– 얼굴이 못생겨서 문재라고 했을 것 같아요.

– 서로 너무 관심이 없는 것이 문제라서 문재라고 지었을 것 같아요.

– 이름에도 비밀이 숨어 있는 것 같아요.

– 캐릭터를 분명하게 하려고 문재라고 지은 것 같아요.

– 스스로 문제를 알고 찾아가는 아이라서 문재라고 지은 것 같아요.

교사: 계속 읽어볼게요. 그런데 어떤 아이가 또 쪽지를 하나 남겨놨네요. 뭐라고 적어 놨을까요? 여러분이 어떤 아이라면 어떻게 적었을지 생각하면서 종이에 한번 써봅시다.

(아이들이 쓴 내용)

– 얘들아 미안해. 내가 너희들에게 서로 관심을 갖게 하려고 그랬어. 마지막 부탁 하나 할게. 식구들끼리 서로 관심을 좀 가지면 좋겠어. 그럼 안녕.

– 문재야 잘 살아. 내 정체는 누구에게도 알릴 수가 없단다.

– 문재야 내가 누군지 모르겠지. 노란 쪽지 하나 더 찾으면 알려줄게.

– 문재, 너 정말 나를 기억 못 하는 거니?

– 나는 너의 동생이야.

– 나는 귀신이야.

– 기억 안 나? 나는 네 형이잖아. 이미 죽은.

– 우리가 사진 찍은 날 왜 우리 모두 다 무표정이니. 나만 웃고 있잖아. 이

제 다 같이 웃자.

– 이제 내가 누군지 기억났니?

교사: (아이들이 쓴 것을 죽 읽어주면서) 이중에 정답이 있을까요? 누가 쓴 내용에 가장 공감이 가나요? 실제 어떤 아이는 이렇게 적었답니다. 그리고 떠난다고 되어 있네요. 어떤 아이는 왜 이 가족을 떠났을까요?

– 이제 이 집이 지루해져서 떠났을 것 같아요. 책에서도 이제 소시지 없는 빵을 먹는 것도 지겹다고 했으니까요.

– 문재네 가족이 서로 얼굴도 보고 그래서 서로 관심을 갖게 되니까 더는 숨어 있을 수가 없어서 떠났을 것 같아요.

– 식구들이 서로 신경을 쓰게 되니까 자신의 목적을 달성한 것 같아서 떠난 것 같아요.

– 이 집에 숨어 있는 것이 재미없어서 다른 집으로 간 것 같아요.

– 더 좋은 집으로 가려고 간 것 같아요.

교사: 네, 아마도 식구들이 서로 관심을 가지기 시작해서 떠났을 수도 있겠네요. 그렇다면 가족이란 어떤 모습이어야 할까요?

– 선생님, 근데 어떤 아이의 정체는 뭐예요?

교사: 식구들이 무심하게 사는 동안 이 가족과 함께 살았던 어떤 아이겠지. 실제로 「숨바꼭질」이라는 영화에서 나왔던 것처럼 남의 집에 한동안 숨어서 산 가족에 대한 신문 기사도 있었지.

* 에필로그: 이 책을 읽는 내내 아이들은 호기심을 놓지 않았다. 무서운 이야기일 것 같은 기대감 때문이었다. 그렇다 보니 책 속에서 주인공에게 일어난 일을 가족의 무관심보다는 공포스럽게 이해하는 아이들이 많았고, 그래서 조금은 장난스럽게 자신의 생각을 표현하는 아이들도 있었다. 한 시간에 욕심을 내다 보니 '읽기 후 활동'이 거의 이루어지지 못했다. 다음 시간에 계속 이어서 해볼 계획이다.

10

「할아버지 숙제」, 『멀쩡한 이유정』

(유은실 동화집), 푸른숲주니어, 2008.

● **수업에 앞서**

다시 가족에 대한 이야기입니다. 그러나 이번에는 그저 단순히 가족의 화목함을 말하는 이야기가 아니라 가족에 대한 평가와 연결되어 있습니다. 그것은 곧 자기존중감이기도 하지요. 이 작품에서 '경수'는 할아버지에 관한 이야기를 쓰는 숙제를 해야만 합니다. 그러나 할아버지들은 술주정뱅이에 노름꾼으로 결코 내세울 것이 없는 존재입니다. 그러나 겉으로 보기와는 달리 이들에게는 감추어진 다른 점들이 보이기도 합니다. 그저 통념이나 편견을 넘어, 한 사람의 삶을 들여다본다는 것의 진정한 의미는 무엇일지 이 작품은 생각하게 해줍니다. [가족, 자기존중감, 글쓰기]

● 수업

읽기 전 활동

* 이 수업은 작품 읽어주기를 하기 전 미리 '할아버지/할머니 숙제'를 해 오도록 준비를 시키면 글쓰기에 관한 더욱 알찬 수업이 될 것입니다.

유은실 작가의 작품입니다. 혹시 이 작가 아는 친구? 이 작가의 작품을 읽은 적이 있나요? 어떤 내용이었나요? [대화하기]

–

제목이 '할아버지 숙제'네요. 그럼 할아버지와 관련된 내용이겠네요. 여러분은 할아버지가 계신가요? 할아버지는 어떤 분이신가요? 할아버지를 떠올리면 어떤 생각이 나나요?

–

이 동화는 어떤 내용일까요? '할아버지가 내준 숙제?'란 의견이 많네요. 과연 그런 내용일까요? 다 같이 잘 들어봅시다.

읽는 중 활동

*10쪽 2줄 "할아버지 숙제"*는 무엇인가요? [내용의 이해]

– '할아버지가 살아온 얘기' 적는 게 할아버지 숙제네요.

12쪽 10줄 "가슴이 두근거리기 시작했다."

왜 가슴이 두근거렸을까요?

–

14쪽 4줄 "그러니까 가슴이 또 두근거렸다."

이번에는 또 왜 가슴이 두근거렸을까요? [추리하기]

–

20쪽 11줄 "그러다 갑자기 중요한 게 떠올랐다."

갑자기 떠오른 중요한 것은 무엇일까요?

–

24쪽 마지막 줄 "우리는 한동안 가만히 앉아 있었다."

자, 주인공 경수는 할아버지 숙제를 할 수 있었을까요? [주장하기]

– (할 수 있다/할 수 없다. 이유와 함께)

친구들이라면 숙제를 어떻게 했을까요?

– 이렇게, 저렇게 할 수 있어요.

그럼, 경수가 숙제를 어떻게 했는지 더 들어봅니다.

32쪽 2줄 "나는 그렇게 할아버지 숙제를 했다."

경수는 할아버지 숙제를 어떻게 했나요? [내용의 이해]

– 덧붙이고, 빼고, 다른 내용으로.

읽은 후 활동

재미있었나요? 무엇이 재미있었나요?

–

작품 속에 할머니는 어떤 분인가요? 할머니의 성격은? [작품 읽기]

–

한 사람의 인생을 평가할 때 중요한 것이 무엇이라고 친구들은 생각하나요? [주장하기]

– 직책이 아니라, 작고 소중한 일상

자, 다들 집에 가서 각자 '할아버지/할머니 숙제'를 해 오도록 해요.

내일은 여러분이 해 온 '할아버지/할머니 숙제'로 수업을 하겠어요.

무엇을 더하고, 빼고, 달리 표현할 수 있을지 생각해봅니다.

이렇게 한 '할아버지 숙제'는 제대로 된 '할아버지 숙제'일까요?

● 수업의 주안점

이 작품은 우리 동화에서 찾아 보기 힘든 유머러스한 작품입니다. 웃음을 자아내는 작품이지요. 그러니 작품의 흐름을 끊지 않고 가능하면 '읽는 중 활동'을 조절할 필요가 있습니다. 서사의 진행에서 꼭 필요한 질문만 하는 것이 바람직할 것입니다. 그래도 가장 중요한 활동은 '경수는 숙제를 할 수 있을까?', '숙제를 하면 어떻게 할 수 있을까?'일 것입니다. 그러나 무엇보다 삶에 대한, 한 인간에 대한 진정한 평가는 무엇일지 생각해보는 것도 주제와 연결하여 중요한 물음일 것입니다.

● 수업의 실제 (1)

〈2016년 5월 19일, 3·4교시 국어 시간〉

학습자 실태: 남 14명, 여 10명, 특수교육 대상 아동(정신지체) 1명, 다문화가족 아동(러시아) 1명, 조손가정 아동 2명, 한부모가정 아동 2명, 국어 학습부진 아동 2명

(여학생들은 차분하고 학습 태도도 좋은 편이나 남학생들은 말이 많

고 산만하며 자기들끼리 자주 다툼. 1학년 때부터 쭉 한 반으로 올라와서 대체로 남녀 구분 없이 사이가 좋고, 마음씨가 따뜻한 아이들임. 이야기 듣는 것을 무지 좋아함.)

교사: 선생님이 오늘은 유은실 작가가 쓴 『멀쩡한 이유정』이라는 책을 읽어줄 거예요. 이 책을 읽어본 사람 있나요?

– 네, 3학년 때 읽어봤어요.

교사: 그렇군요. 읽어본 친구들이 몇 명 있네요. 「할아버지 숙제」라는 이야기도 생각나나요? '할아버지 숙제'란 어떤 숙제일까요?

– 할아버지에 대해 조사해 오는 숙제일 것 같아요.

– 할아버지 집 가기나 할아버지께 잘해 드리는 것일 것 같아요.

– 할아버지가 손주들에게 어떻게 대하는지 알아 오는 숙제일 것 같아요.

교사: 네, 좋아요. 그럼 여러분의 할아버지는 어떤 분이신가요? 발표해볼까요?

– 직업이 여러 가지셨는데 특히 만들기를 잘하셨대요.

– 초콜릿 공장을 운영하셨고, 저희한테 많이 주셨어요.

아이들: 우아, 좋겠다.

– 저를 항상 예뻐해 주시고, 돌아가실 때 제 이름을 부르면서 돌아가셨어요.

– 저희 왕할머니는요….

아이들: 할머니 말고 할아버지 이야기하는 거거든.

– 아, 그럼 저희 할아버지는요, 할아버지 댁에 개가 한 마리 있는데 이름이

백구예요.

– 야, 그건 할아버지 개 이야기지. 할아버지 이야기를 하라고 하시잖아.

교사: 괜찮아. 그래 준석이 계속 말해보렴.

– 근데, 백구가 하루는 뱀을 잡았거든요. 그런데 그 뱀을 물고 와서 할아버지한테 주니까 할아버지가 깜짝 놀라셨대요.

– 그런 이야기는 뭐 하러 하냐.

아이들: 웅성웅성….

교사: 무슨 이야기든 괜찮아요.

교사: 좋아요, 그럼 어떤 이야기일지 한번 읽어봅시다.

교사: 가슴이 두근거린 이유는 무엇이었을까요?

– 자신이 아이들에게 큰소리를 친 게 잘못될까 봐 그러는 것 같습니다.

– 자신의 할아버지가 유명하지 않을까 봐 걱정하는 것 같아요.

– 할아버지가 유명하지 않을까 걱정스러워서 그래요.

– 자신의 할아버지에 대해 잘 모르는데, 아이들에게 지기는 싫어서 그런 것 같아요.

– 선생님이 잘하면 게시판에 붙인다고 했는데 게시판에 전시하고 싶어서 그런 것 같아요.

– 아이들에게 큰소리 친 게 있어서 걱정되는 것 같아요.

교사: 좋아요. 그럼 계속 읽어볼게요.

교사: 양복 입은 할아버지와 손 잡은 상상을 하며 가슴이 다시 두근

거린 이유는 무엇일까요?

– 양복 입으면 왠지 회장일 것 같아서요.

– 양복 입었으니까 높은 사람일 것 같아서요.

– 자기 할아버지도 유명했을 것 같아서 그런 것 같은데요.

– 양복 입으면 뭔가 유명했을 것 같아서요.

– 양복 입었으니까 자기 할아버지가 멋질 것 같아서 그런 것 같아요.

교사: 경수는 숙제를 잘 마쳤을까요?

– 고민하다가 거짓말로 해 갔을 것 같아요.

– 부끄러운 것만 빼고 좋은 점만 쓰면 될 것 같아요.

– 부끄러워서 못 해 갔을 것 같아요.

– 나쁜 점은 빼고 좋은 점만 써서 해 갔을 것 같아요.

교사: 경수는 왜 자기의 걱정이 작아진 것처럼 느꼈을까요?

– 명규는 더 심한 것 같아서 자기는 나은 것 같으니까요.

– 명규네는 집안 분위기도 시끄러울 텐데 할아버지 숙제 이야기를 하면 분위기가 더 안 좋아질 테니 명규네가 걱정이 되어서 그런 것 같아요.

교사: 우리는 주로 무엇을 보고 사람을 평가하나요?

– 그 사람의 마음가짐을 봅니다.

– 그 사람이 이룬 업적이나 신기한 일, 또는 돈을 잘 버나 못 버나 하는 것입니다.

– 직업을 봅니다.

– 생활 모습을 살펴봅니다.

교사: 이야기에 나오는 경수네 할아버지는 어떤 분으로 평가되나요?

– 처음에는 주정뱅이로 이상한 사람 같았는데, 나중에 보니까 마음씨는 좋은 분이었던 것 같아요.

– 처음에는 별로 안 좋게 느껴졌는데 딸이나 손주는 이뻐하신 것 같아요.

– 좋은 분인 것 같아요.

교사: 네, 좋아요. 그럼 우리는 사람에 대해 이야기할 때 어떤 점을 평가하거나 이야기하면 좋을까요?

– 좋은 점과 나쁜 점을 함께 봐야 해요.

– 그 사람이 훌륭한 일을 했는가나 직업이나 그런 것보다는 그 사람의 마음을 봐야 할 것 같아요.

– 착한 일이나 나쁜 일을 했는지 골고루 봐야 할 것 같아요.

교사: 네 그럼, 이 이야기를 읽고 자신의 할아버지에 대해 이야기해 보고 싶은 친구가 있나요? 아까 미처 말하지 못한 친구들이 한번 발표해볼까요?

– 네, 우리 할아버지는 성격이 좀 괴팍해서요. 밖에서 음식 같은 거 사 오면 자기 혼자 몰래 먹고요. 또 제가 어떤 음식을 사 먹으려고 하면 막 잔소리를 하세요. "집에서 만든 거 먹으면 되지 굳이 왜 돈을 쓰냐?" 이렇게요. 그래서 저번에 스파게티 같은 거 샀는데 할아버지 몰래 방에서 혼자 먹었어요.

교사: 할아버지와 함께 살고 있니?

– 네, 그런데 지금은 돌아가셨어요.

– 우리 지금 할아버지는요, 한약 가게 하시는데요. 친할아버지가 아니세요. 할아버지가 돌아가시고 할머니 혼자 남았는데요, 삼촌들이랑 고모들이 할머니도 혼자 살면 외롭다고 그래서 할아버지를 한 분 소개시켜 줘서요. 새로 결혼해서 지금 할아버지는 새할아버지예요. 근데 제가 가면 용돈도 주시고 예뻐해 주세요.

– 저희 할아버지는 나무가 쌓여 있는 곳을 지나가시다가 얼굴을 다치신 적이 있다고 했어요.

– 저희 할아버지는 집에 고장 난 물건이 있으면 잘 고치세요.

– 저희 할아버지는 키가 크셨다고 하시는데요, 제가 그걸 닮아서 키가 크대요.

– 외할아버지는 뉴질랜드에 있다고 들었어요. 제가 혼자 손녀라고 이뻐해 주셨대요.

교사: 네, 좋아요. 이제 여러분도 할아버지 숙제를 잘해 올 수 있나요? 그럼 오늘 각자 할아버지 숙제를 한번 해 오도록 합시다.

* 에필로그: 할아버지 숙제는 이미 읽은 아이가 몇 명 있었지만 아이들이 재미있게 듣고 반응하였다. 이야기를 읽기 전에 아이들에게 할아버지에 대한 질문을 했을 때 아이들은 직업을 말하거나 할아버지와 나와의 관계에 대해, 특히 좋은 점을 말하려고 많이 애썼고, 할아버지가 돌아가셨거나

자랑거리가 없는 아이들은 크게 관심을 보이지 않았다.

그런데 이야기를 모두 읽고, 한바탕 웃고 나서는 아이들이 저마다 더 많은 것을 말할 준비가 되어 있음을 발견했다. 사소한 것도 말할 거리가 된다는 걸 알았기 때문인 것 같았다. 특히 할아버지와 관계가 안 좋은 아이도 자신의 이야기를 당당히 발표했다.

● 수업의 실제 (2)

교사: 이렇게 해 간 숙제는 제대로 된 숙제일까요?

– 경수가 좀 덜 힘들고 할 수 있는 숙제니까 제대로 된 숙제라고 생각합니다. 또 그렇게 해 가면 놀림도 당하지 않으니까요.

– 거짓말을 한 건 아니니까 제대로 된 숙제라고 생각합니다.

– 저는 제대로 된 숙제가 아니라고 생각합니다. 거짓말을 안 했다고는 하지만 나쁜 점은 빼고 좋은 점만 써 간 숙제니까 뭔가 찝찝하고 불안할 것 같습니다.

– 사람은 누구나 장단점이 있는데 좋은 점만 써 간 숙제는 제대로 된 숙제가 아니라고 생각합니다. 좋은 점만 써 가면 다른 사람들은 결국 할아버지가 좋은 점만 있다고 생각할 것입니다.

– 저는 제대로 된 숙제라고 생각합니다. 할아버지에 대해 써 가면 되는데, 어쨌든 할아버지에 대해 썼으니까 제대로 된 숙제라고 생각합니다.

– 저는 할아버지 숙제는 아이들이 기분이 상하거나 소외감을 느낄 수 있을 것 같다는 생각이 듭니다. 할아버지들은 다양한데, 할아버지가 돌아가셨거나 써야 할 좋은 점이 별로 없는 아이들은 숙제하기가 힘들 것이기 때문입니

다. 숙제가 없으면 좋을 것 같아요.

– 저는 기분이 상하게 장점이나 단점을 쓰지 말고 나이나 혈액형 같은 사실만 간단히 적어 오게 하면 좋을 것 같습니다.

교사: 네, 좋아요. 경수의 입장에서 할아버지 숙제를 해 간 일이 다행스럽다고 생각하는 아이들도 있고, 한편으로는 할아버지 숙제 자체가 문제가 있다고 생각하는 사람도 있네요. 만약 여러분이 선생님이라면 할아버지 숙제를 어떻게 낼까요?

– 내가 바라는 할아버지 적어 가기

– 사실만 적어 가기

– 할아버지에 대해 장점과 단점 각각 두 가지씩만 적어 가기, 또는 할아버지나 할머니와 이야기하고 난 뒤에 말한 내용 적어 가기

– 만약에 미래에 할아버지가 된다면 손자한테 어떻게 해줄 것인지 적어 가기

11

『내 짝꿍 최영대』

(채인선 글/정순희 그림), 재미마주, 1997.

● **수업에 앞서**

어떤 동화가 좋은 동화일까요? 짧은 생

각에는 독자를 웃게 하거나 울게 만들 수 있다면 그래도 좋은 작품이 아닐까요? 이 작품에는 이른바 감동이 있습니다. 깊은 울림을 건네주죠. '영대'의 울음, 등장하는 아이들의 울음이 있습니다. 물론 이 작품에는 인물이나 사건을 보는 낭만적인 시선이 문제를 지나치게 단순화시키는 한계 또한 없지 않습니다. 그러나 이 작품이 좋은 작품이라는 점에는 이견이 없답니다.

'집단 따돌림'은 정말 무서운 일입니다. 더욱이 그 따돌림이 어찌할 수 없는 것들 때문이라면 그것은 인권의 문제와 연결됩니다. 우리는 이 작품을 통해 인물의 고통을 함께 느낄 수 있습니다. 그러니 문학은 타인의 고통을 민감하게 감지할 수 있도록 해줍니다. [집단 따돌림, 인권]

● 수업

읽기전활동

여러분도 짝꿍이 있죠? 어떤 짝꿍인가요?

지금 짝꿍이 있는 친구도, 아직 짝꿍을 만들지 못한 친구도 있을 거예요.

내가 사귀고 싶은 친구는?

친구와 함께하고 싶은 일은? [대화하기]

읽는중활동

9쪽 "생각해 보면 불쌍한 아이였지만 우리는 모두 영대를 따돌렸어요."

영대는 어떤 아이인가요? [작품 읽기]

–

20쪽 "화가 난 것 같았어요."

아이들은 영대에게 어떻게 대했나요?

–

나는 영대를 어떻게 대했나요?

–

31쪽 "영대가 울음을 터뜨린 거예요."

영대는 왜 울음을 터뜨렸나요? [작품 읽기]

–

울고 있는 영대의 마음은 어떨까요? [추리하기]

–

45쪽 "잊을 수 없는 '축 국립경주박물관 관람 기념'이었어요."

왜 잊을 수 없다고 했을까요?

–

47쪽 "영대는 지금 내 짝꿍이에요."

읽은후활동

느낌이 어떤가요? 읽은 감상을 짧게 써보도록 해요. [표현하기]

–

영대에게 편지 쓰기를 해볼까요?

–

여러 친구들도 울고 싶은 적이 있었나요? 언제 울고 싶었고, 울었으

며, 어떻게 울음을 그치게 되었나요? [표현하기]

–

● **수업의 주안점**

작품의 중심에 '영대'와 학급의 아이들이 있습니다. 왜 아이들은 이렇게 행동하고, 그때 영대의 감정이 어떤가를 아는 것이 중요한 이야기의 중심입니다. '울음'이 중심이 되겠지요. 말 없이 무반응으로 일관하던 '영대'가 결국 울음을 터뜨리게 되는 원인은 무엇일지, 그리고 그때 아이들의 감정은 어떠할지를 확인하는 것이 중요한 활동이 될 것입니다. 나아가 '영대에게 편지 쓰기'는 공감 능력을 강화할 수 있으며, '울고 싶은 적이 있는가?'라는 쓰기도 이야기를 자신에게로 확산시킬 수 있다는 점에서 좋은 활동일 것입니다.

12

『나쁜 어린이 표』

(황선미 동화), 이마주, 2017(초판 웅진주니어 1999).

● **수업에 앞서**

아이들은 학교에서 아주 많은 시간을 보냅니다. 학교는 중요한 삶의 배경이자 문학작품의 배경이 되기도 합니다. 그리고 학교에서 우리는 공부뿐만 아니라 다양한 관계를 맺습니다. 선생님과 관계를 맺고, 같은 반 아이들과 관계를 맺고, 학교의 구성원 모두와 직간접적으로 관계를 맺어나가지요. 학교는 사회로 나아가는 징검돌이나 그 사회의 축도로 존재합니다.

황선미의 『나쁜 어린이 표』는 학교에서 겪는 '건우'라는 주인공의 이야기입니다. 스스로 평가하는 것과 관계 속에서 선생님이 평가하는 것 사이의 차이와 간극 때문에 힘들어 하는 아이의 이야기입니다. 주인공은 적극적으로 그 차이를 넘어서고자 노력하는 주체적인 아이로 그려져 있습니다. 동화의 바람직한 문법이 어른의 목소리가 아닌, 아이들 스스로의 목소리를 담아내고, 그 목소리에 귀 기울임으로써 성장해간다는 것이라고 할 때 이 작품은 아주 모범적인 작품입니다. [자기존중감, 관계 맺기]

● 수업

읽기전활동

학교생활 어때요? 재미있나요? [대화하기]

왜 재미가 없을까? 오늘은 학교생활을 다루는 동화 한 편을 같이 읽어보려고 해요. 우리랑 다를 바 없는 주인공이 등장해서, 우리가 겪는 일과 다를 바 없는 일을 겪는 이야기예요. 어떤 이야기일까요?

제목은 '나쁜 어린이 표'예요. 아마 읽어본 친구들도 있을지 몰라요.

'나쁜 어린이 표'가 뭘까요? [추리하기]

–

그래요. 표지 그림을 볼까요? 주인공인가 봐요. 어떻게 하고 있나요?

—

왜 화가 났을까요?

—

그래요. 그럼 어떻게 된 일인지 작품을 읽어보도록 해요.

읽는 중 활동

7쪽 "나도 투표 쪽지에 내 이름을 써 냈어요. 선생님은 후보가 자기 이름을 써 내는 게 아니라고 하셨지만 그게 왜 안 된다는 건지 모르겠어요."

여러분이라면 어떻게 할 것 같아요? 자기 이름을 써 내도 될까요? 그러지 말아야 할까요? [주장하기]

—

12쪽 "죽이 잘 맞다."

무슨 뜻일까요? [낱말의 이해]

—

16쪽 "이건우, 너 한 장!" 선생님이 냉정한 얼굴로 집게손가락을 세웠어요…. 첫 번째 학생이 되고 말았지 뭐예요.

자, 주인공 이건우가 '나쁜 어린이 표'를 한 장 받았네요. 왜 받았죠? [내용의 이해]

—

건우는 '나쁜 어린이 표'를 받을 만했나요? [주장하기]

20쪽 "문 열어 줘." (……) "문 열라니까."

다 같이 따라 읽어볼까요? [대화하기]

–

32쪽 "그래서 나는 짝이 못 보게 가린 다음 수첩에 이렇게 썼어요."

뭘 썼을까요? [추리하기]

–

48쪽 "엄마는 과학 경진 대회가 나에게 얼마나 중요한 일인지 모르고 있어요."

자, 건우가 울고 있네요. 건우에게는 왜 과학 경진 대회가 중요한 걸까요?

–

51쪽 아빠는 과학 상자를 꼭 사 온다.

아빠는 과학 상자를 사 왔을까요? [추리하기]

–

65쪽 "선생님이 그냥 집에 가 버린 거예요."

건우의 기분은 지금 어떨까요? [추리하기]

–

78쪽 "나에 대해서 왜 선생님한테 물어야 돼? 나는 내가 제일 잘 아는데. 엄마도 나를 알잖아."

우리도 이런 경험을 한 적이 있나요? 내가 아는 나와 다른 사람이 아는 내가 서로 다를 때. 어떨 때였나요? (길게)

–

81쪽 "나는 스티커 뭉치를 들고 부들부들 떨었어요."

이제 이야기는 어떻게 될까요? [추리하기]

–

84쪽 '난 이제 학교에 못 다니겠구나.'

지금 건우의 마음을 어떨까요? [작품 읽기]

–

읽은 후 활동

자, 이렇게 이야기는 끝났네요.

재미있었나요? 감동이 사라지기 전에 작품에 대해 짧게 감상평을 써 볼까요? [표현하기]

여기 포스트잇이 좋을 것 같네요. 써서 교실 뒤편에 붙여보도록 해요. 그럼 다른 친구들도 다 같이 읽고, 내 마음에 드는 감상이 무엇인지 살펴볼까요?

–

작품 속에 등장하는 건우는 억울한 일이 많았네요. 여러분도 그와 같은 경험을 한 적이 있나요? 그럼 우리 각자가 겪은 억울한 일은 무엇이었나요? 글쓰기를 한번 해볼까요? [표현하기]

● 수업의 주안점

상대적으로 긴 작품입니다. 따라서 많은 활동으로 말미암아 호흡이 끊어지지 않도록 활동을 최소한으로 줄이는 것이 필요합니다. 꼭 필요한 활동을 선택하고, 또 더 필요한 활동이 있다면 덧붙일 수도 있습니다. 사건의 흐름이 중요한 작품이기에 주로 [추리하기]를 주요한 활동으로 설정했습니다. '다음에 어떻게 될까?'라는 활동이 중심을 이루고 있습니다. 그리고 인물의 심리 또한 중요하고요. 그 심리가 사건을 밀어가는 것이기에 이야기의 인물, 사건, 배경을 안다는 성취기준과 긴밀하게 연결되어 있습니다. 그리고 '읽은 후 활동'에서 작품에 대한 느낌 쓰기, 경험과 연결하여 쓰기 등이 주요한 활동으로 설정되어 있습니다. 깊이 있게 다루어야 할 것들이기에 시간을 많이 할애하여 충분히 생각과 느낌이 표현될 수 있으면 좋겠습니다.

13

「떨린다」(손소연 시)

「딱지 따 먹기」(강원식 시)

● 수업에 앞서

지금껏, 그림책을 포함하기는 했지만 이야기 수업이 중심이었습니다. 이제 동시 수업을 해보기로 합니다. 3·4학년군 성취기준에서 직접적으로 동시와 관련된 성취기준은 '[4국05-01] 시각이나 청각 등 감각적 표현에 주목하며 작품을 감상한다.'입니다. 그런데 동시에서 가르쳐야 할 것이 '감각적 표현'이라는 데에는 의문의 여지가 많습니다. '감각적 표현'은 너무나 쇄말적이기도 할 뿐 아니라, 시를 형식적 장치에 기대어 바라보게 만들기 때문입니다. 시는 형식보다 정서로 접근하는 것이 훨씬 더 바람직합니다. 그리고 '감각적 표현'이 아니라 '생생한 표현', '생생한 느낌'으로 확장하여 가르쳐야 할 것입니다. 마음이 잘 드러나는 작품, 마음이 잘 드러나는 부분을 가르치는 것이 더욱 소중할 것입니다.

먼저 어린이시 두 편을 골라보았습니다. 무엇보다 동시는 너무 짧아서, 읽기 전, 중, 후 활동으로 기계적으로 나누기가 쉽지 않습니다. 그래서 읽기 전·중 활동과 읽은 후 활동으로 구성하였습니다. 무엇보다 동시를 읽는 것이 가장 중심에 놓여야 할 활동이기에 읽기 전과 읽는 중을 구분하는 것이 지나치게 기계적이기 때문이랍니다.

여기에서는 동시 읽기와 동시 쓰기를 함께 해 보도록 함으로써 동시 쓰기가 그리 어려운 일이 아님을 나누는 데 주안점을 두어야 할 것입니다. [동시 읽기/동시 쓰기, 마음]

● 수업

떨린다

여주초 4학년 손소연

내가 말할
차례가 오면

떨린다.

내가 인사할

차례가 오면

떨린다.

애들은 웃는데

나는 떨린다.

—『꼭 하고 싶은 말』(발한뙤기 엮음), 삶말, 2016.

딱지 따 먹기

4학년 강원식

딱지 따 먹기를 할 때

딴 아이가

내 것을 치려고 할 때

가슴이 조마조마 한다.

딱지가 홀딱 넘어갈 때

나는 내가 넘어가는 것 같다.

—『아버지 월급 콩알만 하네』(임길택 엮음), 보리, 2006.

읽기 전·읽는 중 활동

자, 오늘은 동시를 읽어볼 거예요. 동시는 마음속 느낌이나 머릿속 생각을 짧게 쓴 작품이랍니다. 그러니 생각이, 마음이 잘 드러나야 합니다. 어떤 생각이나 마음일까요? 깨달음의 순간, 감동을 받은 마음을 표현하면 됩니다.

동시를 먼저 읽어볼까요?

먼저 「떨린다」. 모두 함께 읽어봅시다.

어떤 마음을 표현하고 있나요?

– 떨리는 마음

여러분은 어떨 때 떨리는가요?

–

어때요? 이 동시는 마음에 들어요? 무엇이 마음에 드나요? [대화하기]

–

자, 이 동시를 잘 기억하면서 다음 두 번째 동시도 읽어볼까요?

「딱지 따 먹기」, 모두 함께 읽어봅시다.

누가 잘 읽을 수 있는 사람? 마음을 잘 표현하면서.

어떤 마음이 나타나 있나요? [작품 읽기]

– 조마조마한 마음

이 동시에 마음이 잘 표현된 부분은 어디인가요? [작품 읽기]

– "나는 내가 넘어가는 것 같다."

시인은 왜 이렇게 자기가 넘어가는 것 같다고 했을까요?

–

그럼 두 작품은 각각 어떤 마음을 표현하고 있나요?

– 떨리는 마음, 조마조마한 마음

읽은 후 활동

여러분은 언제 떨리나요? 여러분이 조마조마할 때는 언제인가요?

[대화하기]

–

두 시를 생각하면서 떨리는 마음, 조마조마한 마음을 시로 표현해보는 것은 어떨까요? [표현하기]

–

시는 마음을 표현한답니다. 떨리는 마음, 조마조마한 마음과 함께 또 어떤 마음이 있을까요?

–

그 마음을 누구나 알기 쉽게 표현하면 좋은 동시가 된답니다. 동시를 한번 써볼까요? [표현하기]

다음 차례로 써보면 좋을 듯해요.

1. 우선 어떤 마음을 표현할지를 정한다.
2. 그 마음이 잘 나타나는 경험을 생각한다.
3. 경험을 마음과 연결하여 표현해본다.

–

자, 우리가 동시를 썼네요. 이제 여러분은 시인이 되었답니다. 다 같이 자기가 쓴 시를 함께 나누어 보도록 합니다. 어떤 마음이 어떻게 표현되어 있는지 써봅니다.

● **수업의 주안점**

동시 읽기와 동시 쓰기 수업입니다. 동시를 읽을 때 먼저 형식보다는 마음을 살피는 것이 우선입니다. 마음이 잘 표현된 작품이 좋은 작품이기도 하고요. 동시를 읽으며 어떤 마음이, 어디에 잘 나타나 있는지, 어떻게 표현되어 있는지 찾아보고, 읽는 사람에게도 그런 느낌이 잘 되살아나는지를 살피게 합니다. 그리고 동시 쓰기 또한 그와 마찬가지로 마음을 표현해 보는 것입니다. 특별할 것 없는 평범한 마음도 충분히 동시가 될 수 있음을 가르치는 것도 중요할 것입니다. 감동을 받은 순간을 포착하여 쓰는 것은 그리 쉬운 일이 아니기 때문입니다. 우선 처음 쓰는 동시는 그저 쓰는 것만으로 충분한 의미를 갖습니다. 그다음 차차 감동을 붙잡을 수 있게 해주면 좋을 것입니다.

〈참조 동시 두 편〉

울엄마 보고

이종택

이웃집 순이
울엄마 보고
할매라고 불렀다.

잠이 안 온다.
낼 아침 먹곤
따지러 가야겠다.

울엄마가 더 늙었나.
네 엄마가 더 늙었나.

—『누가 그랬을까』(이종택 동시선집), 창비, 1991.

소

윤동재

소는 잘못한 것이 없는데
매를 맞는다.

소는 무거운 짐을 나르는데
매를 맞는다.

소는 말도 잘 듣는데
매를 맞는다.

매 맞는 소를 보면
눈물이 나올라 한다.

우리 소가 아니라도
눈물이 난다.

—『서울 아이들』, 창비, 1989.

▬ 14
「겨울 물오리」(이원수 시)
「겨울 보름달」(유강희 시)

● 수업에 앞서

앞서 마음을 담은 동시 읽기/동시 쓰기를 해보았습니다. 이젠 동시를 쓰기보다 집중적으로 감상해 보는 즐거움을 나누는 것도 좋을 줄 압니다. 좋은 작품을 많이 읽고, 왜 좋은지 말할 수 있다면 그만한 시공부도 없을 것입니다. 여기 담긴 두 작품은 모두 새로운 깨달음을 담은 작품들입니다. 마음이 아닌 생각이 함께 여물어 있습니다.

먼저 이원수의 「겨울 물오리」는 대상에 투영해 보는 시인의 마음이 잘 나타나고 있습니다. 겨울 강물에서도 잘 놀고 있는 물오리를 보며 느낀 깨달음을 표현하고 있습니다. 그리고 유강희의 「겨울 보름달」은 보름달을 구멍 난 양말로 보는 새로운 관점을 표현하고 있습니다. 자신만의 눈으로 사물을, 대상을, 경험을 보는 것. 그것이 시의 본래 모습입니다. 그 자신만의 눈이 곧 상상력입니다. [동시 감상하기, 생각의 흐름 알기]

● 수업

읽기 전·읽는 중 활동

먼저 시를 읽어볼까요? 첫 번째는 이원수의 「겨울 물오리」입니다.

이 동시는 노래가 되었어요. 다 같이 노래도 배워볼까요.(백창우 작곡, 「겨울 물오리」)

겨울 물오리

이원수

얼음 어는 강물이
춥지도 않니?
동동동 떠다니는

물오리들아

얼음장 위에서도

맨발로 노는

아장아장 물오리

귀여운 새야

나도 이젠 찬바람

무섭지 않다.

오리들아, 이 강에서

같이 살자

—『너를 부른다』(이원수 동시선집), 창비, 1979.

이 동시는 무엇을 표현하고 있나요? 중심적인 제재는 무엇인가요?

[내용의 이해]

– 물오리

더 자세하게는?

– 겨울 물오리

물오리의 어떤 모습이 표현되고 있나요?

–

물오리의 모습을 보고 시인이 깨달은 점은 무엇인가요? [작품 읽기]

–

다음 작품 읽어볼까요?

다 같이 읽어보죠.

겨울 보름달

유강희

까만 양말에

똥그란 구멍,

꿰매 주고 싶은

—『손바닥 동시』, 창비, 2018.

이 작품은 무엇을 노래하고 있나요? [내용의 이해]

– 겨울 보름달

'겨울 보름달'을 무엇으로 표현하고 있나요? [작품 읽기]

– 까만 양말의 동그란 구멍

'겨울 보름달' 본 적이 있나요? 어땠어요?

그리고 정말 겨울 보름달이 '까만 양말의 동그란 구멍'처럼 보이나요? 만약 그렇게 보인다면 이 동시는 좋은 동시입니다. 그렇게 보이지 않아도 누구는 그렇게 볼 수도 있구나 하는 생각이 든다면 역시 좋은 동시입니다. 만약 난 그렇게 안 보이던데 한다면, 내겐 어떻게 보였나 더 좋은 생각을 해보면 좋겠어요. 그럼 더 좋은 동시가 탄생하는 것이지요.

읽은 후 활동

자, 교실 뒤편에 동시집이 여럿 있답니다. 여러분도 한 권씩 꺼내 읽고는 내가 좋아하는 동시를 세 편만 골라봅니다. 그리고 모둠별로 각자 고른 세 편의 동시들을 묶어 동시집을 만들어봐요. 정말 좋은 동시집이 되지 않을까요? [작품 읽기]

– (활동: 동시집 만들기)

● **수업의 주안점**

집중적으로 동시를 감상하는 시간입니다. 많은 동시를 읽으며, 내가 좋아하는 동시를 고르게 하는 활동이 중심이 됩니다. 고를 때에는 무엇을 표현했는지, 어떻게 표현했는지, 그 생각은 충분히 공감하는지를 평가하게 해야 할 것입니다. 그러나 취향은 저마다 다를 수 있습니다. 그러니 일정한 기준을 세우기보다 이렇게 저렇게 생각해보고 근거를 찾아보는 활동을 하는 것으로 충분할 것입니다. 좋은 동시가 무엇이라고 규정하거나 재단하지 않도록 주의해야 합니다. 우선은 즐거운 것이 최상의 출발입니다. 그 즐거움이 우리 어린이들을 생애의 독자로 키워 나갈 것입니다.

〈참조 동시 두 편〉

내 동생 구미호

송진권

열 손가락이 빨개요
봉숭아물을 들였거든요

저만 빼고 뭘 먹나
보느라 눈이 쪽 째졌어요

입안이 빨개요
방금 죠스바를 먹었거든요

엄마 아빠만 나타나면
착한 척 꼬리를 살랑살랑

자꾸 간을 달래요
자기는 순대보다 간이 더 맛있다나요

—『현대시학』, 2014년 5월호

시장 놀이

이정록

스컹크에게 향수 팔기
고양이에게 방울 팔기
하마에게 허리띠 팔기

거북이에게 갑옷 팔기
고슴도치에게 바늘 팔기
눈사람에게 아이스크림 팔기

돼지에게 족발
붕어에게 붕어빵
병아리에게 통닭은 팔지 않기

생쥐에게 쥐약
파리에게 파리채
여우에게 여우 목도리는
보여 주지도 않기

—『콧구멍만 바쁘다』(이정록 동시집), 창비, 2009.

15

『강냉이』

(권정생 시/김환영 그림), 사계절, 2018.

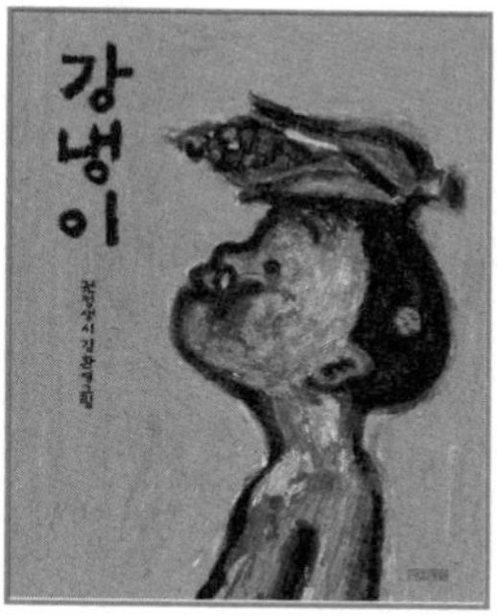

● 수업에 앞서

권정생의 시를 김환영이 그림으로 재창조한 작품입니다. 권정생은 권정생답게, 김환영은 김환영답게 제몫의 역할을 한, 잘 짜인 작품입니다. 이 작품은 한 아이의 시선으로 전쟁을 다루고 있습니다. 시에 담긴 중심적인 정서는 아쉬움, 안타까움입니다. 전쟁이 불러일으킨 비극이 구체적인 한 아이의 마음결로 구체화된 작품입니다. 이 작품을 통해 원경에 놓인 전쟁이 마음속 정서로 울림을 건네줍니다. [평화, 시 그림책]

● 수업

읽기전·읽는중활동

자, 이번에도 시 그림책을 읽어볼 거예요. 시 그림책은 시나 동시를 바탕으로 만든 그림책입니다. 권정생 선생님 시에 김환영이 그림을 그렸어요.

제목은 '강냉이'네요. '강냉이'가 뭔가요? 잘 모르겠으면 그림을 보면 되지요. 그게 그림책의 특징이니까요. 글과 그림이 함께 이야기를 해나가거든요.

표지에 나온 아이가 주인공인가 봐요. 어떻게 생겼어요? [대화하기]

–

콧물이 주룩주룩 흐르고 있고, 머리에도 기계충이 있어요. 아주 옛날 어린이인가 봐요.

면지를 볼까요? 뭘 표현한 것일까요?

–

잘 봐두도록 해요. 이게 마지막 면지에도 나와요. 똑같죠? 뭘 표현한 것일까요?

–

헌사에는 이렇게 씌어 있네요. 다 같이 읽어볼까요?

"전쟁과 배고픔으로 고통스럽게 죽어간 모든 아이들에게 이 책을 바칩니다."

동시는 다음과 같아요. 사실 사투리로 쓴 걸 요즘 표준말로 고친 거지요. 그림책에서는 예전 사투리를 그대로 살려 썼어요.

읽어볼까요?(내용이 이해될 때까지 충분히 반복해서 읽는다.)

강냉이

집 모퉁이 토담 밑에
한 포기 두 포기 세 포기

형아는 구덩이 파고
난 강낭알 떨구고

엄만 흙 덮고

한 치 그면 거름 주고
두 치 그면 오줌 주고
이젠 내 키만큼 컸다

"요건 내 강낭."
손가락으로 꼭
점찍어 놓고
열하고 한 밤 자고 나서

우린 보따리 싸둘러 업고
창창 길 떠나 피난 갔다
모퉁이 강낭은 저희끼리 두고

"어여–"
엄마랑 아빠랑
낯선 동네 밤별 쳐다보며
고향 생각 하실 때면

나 혼자
모퉁이 저희끼리 두고 와 버린

강낭 생각했다

'이제쯤

수염 나고 알이 밸 낀데…….'

이제 그림책을 볼까요?

"요건 내 강낭."

이렇게 말하는 아이의 마음을 어떨까요? [작품 읽기]

–

"손가락으로 꼭/점찍어 놓고"

여기에도 마음이 나타나 있어요. 어떤 단어에 특히 잘 나타나나요?

–

"창창 길 떠나 피난 갔다"

피난은 왜 갔을까요? 어떻게 표현했나요?

–

"모퉁이 강낭은 저희끼리 두고" 아이들은 왜 울까요? [내용의 이해]

–

옥수수만 두고 갔을까요? 그래요, 강아지도, 이제 막 알에서 깬 듯한 병아리도.

아이들 마음은 어떨까요? [작품 읽기]

–

"어여–"

이건 아빠의 말이에요. 어떤 마음일까요?

–

여기서 '강낭'은 사실 '강낭'뿐만은 아니랍니다. 뭘까요?

–

마지막 그림들에 나타난 아이의 마음은? [작품 읽기]

–

읽은 후 활동

그래요. 이 작품은 전쟁에 대해 말하고 있는 작품이에요. 느낌이 어때요? [표현하기]

–

책을 다 읽었으니, 면지가 무엇을 표현하고 있는지 알 수 있겠네요. 뭘까요? [내용의 이해]

–

여러분은 이다음에 커서 고향하면 무엇이 떠오를까요? [대화하기]

–

우리도 텃밭에 강냉이, 그러니까 옥수수를 심어볼까요? 각자의 옥수수를 정해요. 아니면 화분에라도.

'텃밭에 무언가를 심고, 그날의 일기 쓰기' [표현하기]

● 수업의 주안점

동시를 그림책으로 표현한 작품입니다. 그림은 글을 가만가만 따라가기 때문에 동시에 초점을 맞추어야 할 것입니다. 이 작품은 전체적으로 '평화그림책'의 일환으로 창작된 작품입니다. 다른 작품들도 평화를 주제로 계기 수업을 할 때 살펴보면 좋을 것입니다.

이 작품은 전쟁과 피난길이란 무거운 주제를 한 아이의 시선으로 맞춤하게 붙잡고 있습니다. 권정생 문학의 특성이지요. 그러니 시의 함축 속에 담겨 있는 '아이의 마음'이 핵심적인 활동입니다. 매 행마다 '아이의 마음은?'이란 질문이 들어차 있는 것도 그 까닭입니다. 이는 어쩌면 동시를 읽을 때 부분적으로, 또 전체적으로 항용 제시해야 할 질문일 것입니다. 내가 그 아이라면 지금 마음이 어떨까? 그것이 곧 상상력입니다.

● 수업의 실제

2016년 6월 2일 국어 시간 + 미술 시간

〈국어 5. 서로 다른 느낌 + 미술 2. 지각하고 소통하고/느낌과 생각의 표현–시화 그리기〉

〈시를 읽고 자신의 생각이나 느낌을 나누어봅시다.〉

교사: 작가 권정생 할아버지에 대해 들어본 적이 있나요?

–「강아지똥」을 쓰신 분이에요.

교사: 네, 맞아요. 오늘은 그분이 쓰신 동시를 같이 읽어보려고 해

요. 먼저 그분이 쓰신 유언장을 한번 볼까요? 이분은 평생 가난하게 살면서 아이들을 위한 이야기나 시를 많이 쓰셨어요. 그리고 전쟁이 일어나는 일에 대해 매우 슬프게 생각하셨어요. 그리고 평생 번 돈을 다시 아이들을 위해 남겨놓고 돌아가셨어요. 시 「강냉이」를 한번 들어볼까요?

교사: 어떤 느낌이 드나요?

- 뭔가 슬퍼서 코가 찡한 느낌이 듭니다.
- 좀 눈물이 날 것같이 슬픕니다.
- 전쟁 때문에 피난을 가는 내용인 것 같습니다.
- 슬프고 마음이 아플 것 같습니다.
- 쓸쓸한 느낌이 듭니다.
- 옥수수가 외로울 것 같습니다.
- 옥수수가 먹고 싶다는 생각이 들었습니다.

교사: 시를 읽고 떠오른 이미지를 칠판에 그려봅시다.

(남학생-여학생 순으로 나와서 칠판에 자신이 떠올린 이미지를 자유롭게 그려서 칠판을 채워본다. 질문할 것이 있으면 서로 해본다.)

다시 시를 한 번 더 들어보고.

교사: "요건 내 강낭."이라고 할 때 인물의 심정은 어떨까요?

- 나중에 옥수수가 자라서 익으면 혼자 먹어야지.
- 얼른 먹고 싶은 마음

– 옥수수가 빨리 자라기를 바라는 마음

– 뭔가 기대하는 마음

교사: 그런데 점찍어 두고 아이는 피난을 가게 되네요. 왜 피난을 갔을까요?

– 6.25가 일어나서일 것 같습니다.

– 북한이 쳐들어와서.

– 전쟁이 나서.

교사: '창창 길'은 어떤 길일까요?

– 뚫려 있지 않고 멀고 먼 비포장도로

– 멀고 먼 길이다라는 뜻?

– 길은 길인데 엄청 긴 길을 말할 것 같습니다.

– 좁고 울퉁불퉁하고 거리가 매우 먼 길일 것 같습니다.

교사: 네, 전쟁이 일어나서 피난을 갑니다. "어여–"라는 표현을 할 때 아버지의 표정은 어떨까요? "어여–"라는 표현을 실감 나게 읽어 볼까요?

– 뭔가 한숨 쉬듯이 할 것 같습니다.

– 속상하고 답답한 마음으로 말할 것 같습니다.

교사: 다 같이 "어여–"를 표현해봅시다.

교사: 낯선 동네 밤별을 쳐다보면서 고향을 생각하시는 이유는 무엇일까요?

– 하늘에 별이 꼭 옥수수 알갱이 같아 보여서.

– 낯선 곳에서 새로운 별을 많이 볼 수 있어서.

– 피난 와서 갈 곳 없고, 할 일도 없어서 별만 바라보는 것 같습니다.

– 가족과 헤어져서 마음이 슬퍼서 그런 것 같습니다.

– 전쟁이 나서 피난을 가니 왠지 낯설어서 그런 것 같습니다.

교사: 저희끼리 두고 온 강낭을 생각하는 아이의 심정은?

– 먹으려고 했는데 두고 와서 슬플 것 같아요.

– 정성을 기울였는데 떠나니까 슬프고.

– 잘 키우다 헤어져서 아쉬울 것 같아요.

– 아쉽다.

– 나중에 와야겠다 했겠지만 갈 수 없을 것만 같아서 쓸쓸하다.

– 자기 강낭이라고 점찍었는데 두고 와서 안타까운 마음이 들 것 같습니다.

교사: 여기에서 두고 온 것은 강낭만이 아닐 거예요. 강낭은 또 무엇이 될 수 있을까요?

– 이빨요. 이빨을 강냉이라고도 하더라구요.

– 가족과 같이 나누던 좋은 기억을 의미하는 것 같아요.

– 고향에 두고 온 추억을 말하는 것 같아요. 그리고 형이랑 함께 심었다고 했는데 엄마 아빠만 나오는 것 보니까 형이 전쟁 때 군대를 갔거나 해서 형을 말할 수도 있을 것 같아요.

– 먹고 살고 태어났던 고향 집요.

– 어렸을 때의 지난 추억.

– 놀았던 친구들요.

– 전쟁 때문에 두고 온 강아지나 헤어진 것들요.

– 뿔뿔이 흩어진 이웃이나 이모 가족이나 친척들요.

교사: 여러분은 고향을 떠올릴 때 무엇이 떠오를까요?

– 대구와 친구 한빛이

– 살던 아파트와 어린이집

– 학교랑 집이랑 어린이집요.

– 유명주 선생님요.

– 애완동물요.

– 어렸을 때의 추억이나 가족요.

교사: 좋아요. 여러분이 어른이 되었을 때 기억하고 싶은 것들을 쪽지에 적어서 타임캡슐에 묻어볼 거예요. 추억이 될 만한 물건과 함께 미래의 자신에게 전하고 싶은 말을 쪽지에 적어 오도록 합니다. 그러고서 모둠별로 강냉이의 한 장면을 역할극으로 꾸며서 발표해봅시다.

〈타임캡슐 묻기〉

1. 자신의 추억이 깃든 물건 가져오기

2. 물건과 쪽지를 넣으면서 그 물건에 얽힌 추억 말하기

3. 학교 화단에 묻기

〈역할극 발표〉

강낭 심는 모습, 피난 가는 모습, 전쟁과 관련한 상황을 장면으로 꾸며서 발표

〈미술과 연계한 읽기 후 활동〉

강냉이 시의 장면을 나누어 그려서 UCC로 제작하기

Ⅳ

5·6학년군
문학작품 읽어주기

1_ 5·6학년군 성취기준

먼저 5·6학년군은 듣기/말하기 영역에서 7항목, 읽기 영역에서 6항목, 쓰기 영역에서 6항목, 문법 영역에서 6항목, 문학 영역에서 6항목 등 모두 31항목의 성취기준이 제시되어 있습니다.

5·6학년군의 특성은 활동이 중심이 되기보다 지식을 알아야 하는 성취기준이 적지 않다는 것입니다. 이는 '내용체계'에 대한 교육과정의 설명에서도 잘 나타나고 있습니다. 5·6학년군에 들어 '본질' 항목이 제시되고 있습니다. 모든 첫 번째 성취기준이 여기에 해당합니다. 뿐만 아니라 듣기/말하기의 세 번째 '절차와 규칙, 근거 제시', 읽기의 두 번째 '글의 구조', 네 번째 '내용의 타당성과 표현의 적절성 판단' 등에서 알 수 있듯 지식을 바탕으로 이루어지는 활동이 많이 나타나고 있습니다.

교육과정의 대강의 흐름을 살펴보기 위해서라도 성취기준 전체를 훑어보도록 합니다.

듣기/말하기

[6국01-01] 구어 의사소통의 특성을 바탕으로 하여 듣기·말하기 활동을 한다.

[6국01-02] 의견을 제시하고 함께 조정하며 토의한다.

[6국01-03] 절차와 규칙을 지키고 근거를 제시하며 토론한다.

[6국01-04] 자료를 정리하여 말할 내용을 체계적으로 구성한다.

[6국01-05] 매체 자료를 활용하여 내용을 효과적으로 발표한다.

[6국01-06] 드러나지 않거나 생략된 내용을 추론하며 듣는다.

[6국01-07] 상대가 처한 상황을 이해하고 공감하며 듣는 태도를 지닌다.

읽기

[6국02-01] 읽기는 배경 지식을 활용하여 의미를 구성하는 과정임을 이해하고 글을 읽는다.

[6국02-02] 글의 구조를 고려하여 글 전체의 내용을 요약한다.

[6국02-03] 글을 읽고 글쓴이가 말하고자 하는 주장이나 주제를 파악한다.

[6국02-04] 글을 읽고 내용의 타당성과 표현의 적절성을 판단한다.

[6국02-05] 매체에 따른 다양한 읽기 방법을 이해하고 적절하게 적용하며 읽는다.

[6국02-06] 자신의 읽기 습관을 점검하며 스스로 글을 찾아 읽는 태도를 지닌다.

쓰기

[6국03-01] 쓰기는 절차에 따라 의미를 구성하고 표현하는 과정임을 이해하고 글을 쓴다.

[6국03-02] 목적이나 주제에 따라 알맞은 내용과 매체를 선정하여 글을 쓴다.

[6국03-03] 목적이나 대상에 따라 알맞은 형식과 자료를 사용하여 설명하는 글을 쓴다.

[6국03-04] 적절한 근거와 알맞은 표현을 사용하여 주장하는 글을 쓴다.

[6국03-05] 체험한 일에 대한 감상이 드러나게 글을 쓴다.

[6국03-06] 독자를 존중하고 배려하며 글을 쓰는 태도를 지닌다.

문법

[6국04-01] 언어는 생각을 표현하며 다른 사람과 관계를 맺는 수단임을 이해하고 국어생활을 한다.

[6국04-02] 국어의 낱말 확장 방법을 탐구하고 어휘력을 높이는 데에 적용한다.

[6국04-03] 낱말이 상황에 따라 다양하게 해석됨을 탐구한다.

[6국04-04] 관용 표현을 이해하고 적절하게 활용한다.

[6국04-05] 국어의 문장 성분을 이해하고 호응 관계가 올바른 문장을 구성한다.

[6국04-06] 일상생활에서 국어를 바르게 사용하는 태도를 지닌다.

문학

[6국05-01] 문학은 가치 있는 내용을 언어로 표현하여 아름다움을 느끼게 하는 활동임을 이해하고 문학 활동을 한다.

[6국05-02] 작품 속 세계와 현실 세계를 비교하며 작품을 감상한다.

[6국05-03] 비유적 표현의 특성과 효과를 살려 생각과 느낌을 다양하게 표현한다.

[6국05-04] 일상생활의 경험을 이야기나 극의 형식으로 표현한다.

[6국05-05] 작품에 대한 이해와 감상을 바탕으로 하여 다른 사람과 적극적으로 소통한다.

[6국05-06] 작품에서 얻은 깨달음을 바탕으로 하여 바람직한 삶의 가치를 내면화하는 태도를 지닌다.

앞서 말씀드린 대로 본질 항목에 해당하는 모든 영역의 첫 번째 성취기준은 다른 성취기준과 통합하기가 쉽지 않습니다. 독립적인 지식의 항목으로 두어야 하며, 여타의 모든 성취기준을 포괄한다고 보아도 무방합니다. 그리하여 '듣기·말하기 활동을 한다', '글을 읽는다', '글을 쓴다', '국어생활을 한다', '문학 활동을 한다' 등으로 활동 전반을 아우르며 진술되고 있습니다. 다만 읽기 영역과 쓰기 영역의 본질 항목인 '의미 구성'이 이해와 표현의 짝으로 통합되는 것이 바람직할 것입니다.

본질 항목을 제외한 듣기/말하기 영역을 살펴보면 '[6국01-02] 의견을 제시하고 함께 조정하며 토의한다.'라는 성취기준에서처럼 '의견을 제시하기 – 주장하기'라는 활동과 '토의하기'라는 장르가 함께 결합되어 있습니다. 이어지는 '[6국01-03] 절차와 규칙을 지키고 근거를 제시하며 토론한다.'의 경우도 '토론하기'의 장르로 토의와 함께 통합될 수 있습니다. 토의와 토론은 명확하게 구분되지 않으며, 따라서 함께 아울러 '주장하는 말/글'이란 담화 장르로 묶는 것이 바람직합니다. 다음 '[6국01-04] 자료를 정리하여 말할 내용을 체계적으로 구성한다.'는 성취기준은 '주장하는 말/글'에도, '설명하는 말/글'에도 모두 해당

되는 성취기준입니다. 다음의 성취기준은 '[6국01-06] 드러나지 않거나 생략된 내용을 추론하며 듣는다.'로 '추론하기'입니다. 끝으로 '[6국01-07] 상대가 처한 상황을 이해하고 공감하며 듣는 태도를 지닌다.'는 성취기준은 '공감하기'입니다. 의도적으로 '[6국01-05] 매체 자료를 활용하여 내용을 효과적으로 발표한다.'는 것은 5·6학년군의 또 다른 특성으로 매체 영역을 제시한 것입니다. 따라서 영역을 중심으로 따로 통합하여야 할 것입니다. 이렇게 보면 듣기/말하기 영역의 5·6학년군 성취기준은 본질, 주장하기, 설명하기, 추론하기, 공감하기, 매체 등으로 구분할 수 있습니다.

다음 읽기 영역은 본질 항목에 이어 '[6국02-02] 글의 구조를 고려하여 글 전체의 내용을 요약한다.'가 먼저 제시되어 있습니다. 이는 '요약하기'라는 활동을 중심에 둘 수 있습니다. 다음의 '[6국02-03] 글을 읽고 글쓴이가 말하고자 하는 주장이나 주제를 파악한다.'는 것은 명시적으로 주장이나 주제가 나타날 경우 내용의 이해에 해당하기도 하고, 명시적이 아닐 경우 해석을 필요로 하기에 '추론하기'에 해당하기도 합니다. '[6국02-04] 글을 읽고 내용의 타당성과 표현의 적절성을 판단한다.'는 것은 활동으로서 '비판하기'입니다. 다섯 번째 성취기준인 '[6국02-05] 매체에 따른 다양한 읽기 방법을 이해하고 적절하게 적용하며 읽는다.'는 듣기/말하기와 마찬가지로 매체 영역에 해당하는 성취기준입니다. 끝으로 '[6국02-06] 자신의 읽기 습관을 점검하며 스스로 글을 찾아 읽는 태도를 지닌다.'는 능동적인 읽기 태도입니다. 이를 다시 정리하면 '본질', '내용의 이해 – 요약하기', '내용의 이해 – 주장이나 주제 알기', '추론하기 – 주장이나 주제 알기', '비판하기', '매체', '적극적인 태도' 등입니다.

다음 쓰기 영역 역시 본질 항목과 함께 '[6국03-02] 목적이나 주제에 따라 알맞은 내용과 매체를 선정하여 글을 쓴다.'의 경우 매체 영역이며, '[6국03-03] 목적이나 대상에 따라 알맞은 형식과 자료를 사용하여 설명하는 글을 쓴다.'는 성취기준은 '설명하기'입니다. 이와 나란히 '[6국03-04] 적절한 근거와 알맞은 표현을 사용하여 주장하는 글을 쓴다.'는 성취기준은 '주장하기'입니다. '[6국03-05] 체험한 일에 대한 감상이 드러나게 글을 쓴다.'는 것은 체험한 일을 중심에 둘 경우 '이야기하기'에 해당하며, 느낌이 잘 드러나게 쓰는 것은 '이야기하기'에 포함시켜도 무방할 것입니다. 끝으로 '[6국03-06] 독자를 존중하고 배려하며 글을 쓰는 태도를 지닌다.'는 '독자를 존중하는 태도'에 해당합니다. 이렇게 보면 쓰기 영역은 '본질', '매체', '설명하기', '주장하기', '이야기하기', '독자 존중하는 태도' 등입니다. 이렇게 반복해서 제시하는 까닭은 이들 '본질', '매체', '장르', '태도' 등으로 영역을 가로질러 통합하는 근거가 되기 때문입니다.

문법 영역은 '본질'에 이어 '[6국04-02] 국어의 낱말 확장 방법을 탐구하고 어휘력을 높이는 데에 적용한다.'는 성취기준은 '낱말 확장 방법'으로 언어 단위로서의 '낱말'에 해당합니다. 다음 '[6국04-03] 낱말이 상황에 따라 다양하게 해석됨을 탐구한다.'는 맥락에 따른 '의미의 다양성'으로 언어 단위로 생각하면 더 큰 맥락 안에서이기는 하지만 '낱말'입니다. 그리고 '[6국04-04] 관용 표현을 이해하고 적절하게 활용한다.'은 '구절과 문장'이며, '[6국04-05] 국어의 문장 성분을 이해하고 호응 관계가 올바른 문장을 구성한다.' 역시 '문장' 단위에서 이루어지는 성취기준입니다. 끝으로 '[6국04-06] 일상생활에서 국어를 바르게 사용하는 태도를 지닌다.'은 '바르게 사용하는 태도' 항목입니다. 그럼 문법 영역은 '본질', '낱말', '문장', '태도' 등으로 요약되는 것이지요.

끝으로 문학 영역은 '본질'에 이어, 모두 문학 고유의 활동으로 독립적으로 존재하는 성취기준들입니다. 때로는 '[6국05-02] 작품 속 세계와 현실 세계를 비교하며 작품을 감상한다.'처럼 경험과 허구라는 서사의 특성을 제시하기도 하고, '[6국05-03] 비유적 표현의 특성과 효과를 살려 생각과 느낌을 다양하게 표현한다.'처럼 '시적 언어 표현'의 특성을 제시하기도 합니다. '[6국05-04] 일상생활의 경험을 이야기나 극의 형식으로 표현한다.' 역시 독립적인 성취기준으로 '장르 변환'에 해당됩니다. '[6국05-05] 작품에 대한 이해와 감상을 바탕으로 하여 다른 사람과 적극적으로 소통한다.' 역시 작품을 바탕으로 삼기에 문학만의 활동으로 제한됩니다. 끝으로 '[6국05-06] 작품에서 얻은 깨달음을 바탕으로 하여 바람직한 삶의 가치를 내면화하는 태도를 지닌다.' 또한 '내면화'를 강조하고 있다는 점에서 여타 영역의 성취기준과 통합하기가 쉽지 않습니다.

2_ 5·6학년군 성취기준의 재구성

이제 이렇게 살펴본 성취기준들을 서로 통합적으로 연결해보아야 합니다. 우선 본질에 해당하는 것은 각 영역 전체를 아우르는 속성을 제시한 것입니다. 그래서 상위범주로 다루어도 좋을 듯합니다. 동일한 영역에 있는 성취기준들은 어느 것이나 함께 통합할 수 있다는 것입니다.

본질

[6국01-01] 구어 의사소통의 특성을 바탕으로 하여 듣기·말하기 활동을 한다.

[6국02-01] 읽기는 배경 지식을 활용하여 의미를 구성하는 과정임을 이해하고 글을 읽는다.

[6국03-01] 쓰기는 절차에 따라 의미를 구성하고 표현하는 과정임을 이해하고 글을 쓴다.

[6국04-01] 언어는 생각을 표현하며 다른 사람과 관계를 맺는 수단임을 이해하고 국어생활을 한다.

[6국05-01] 문학은 가치 있는 내용을 언어로 표현하여 아름다움을 느끼게 하는 활동임을 이해하고 문학 활동을 한다.

다음은 언어 단위를 중심으로 '낱말과 문장', 글 단위의 '내용 이해'로 구분할 수 있습니다. 그 가운데 '낱말과 문장'은 모두 문법 영역의 성취기준으로 앞의 학년군과 달리 명확하게 서로 다른 지식들이 작동하여 하나로 묶어 활동하기는 쉽지 않습니다. 문학 영역과 다를 바 없이 독립적인 성취기준으로 제시되어야 할 것입니다. 다음 '내용의 이해'는 여전히 '요약하기'와 '주제 알기'가 포함될 수 있습니다. 그러나 주제는 명시적으로 드러날 수도 글 속에 감추어져 있을 수도 있습니다. 여기에서는 명시적으로 제시되는 것만을 내용 이해로 묶고, 문학 작품처럼 주제가 감추어져 있는 것은 '추론하기'로 활동을 달리 해야 합니다.

낱말과 문장

[6국04-02] 국어의 낱말 확장 방법을 탐구하고 어휘력을 높이는 데에 적용한다.

[6국04-03] 낱말이 상황에 따라 다양하게 해석됨을 탐구한다.

[6국04-05] 국어의 문장 성분을 이해하고 호응 관계가 올바른 문장을 구성한다.

[6국04-04] 관용 표현을 이해하고 적절하게 활용한다.

내용 이해

[6국02-02] 글의 구조를 고려하여 글 전체의 내용을 요약한다.

[6국02-03] 글을 읽고 글쓴이가 말하고자 하는 주장이나 주제를 파악한다.

언어 단위에 이어 다음은 활동을 중심으로 분류한 것입니다. 추론, 설명, 주장, 비판, 이야기 등이 주요한 활동입니다. 이 가운데 추론하기의 경우 글쓴이의 주제가 명시적이지 않으면 여기에 포함됩니다. 설명, 주장, 이야기 등이 각각의 담화 장르이기에 이렇게 분리하였으며,

비판하기는 주장하기와 긴밀하게 연결되어 있기는 합니다만 강조하기 위해 독립적으로 다루었습니다.

추론하기

[6국01-06] 드러나지 않거나 생략된 내용을 추론하며 듣는다.

[6국02-03] 글을 읽고 글쓴이가 말하고자 하는 주장이나 주제를 파악한다.

설명하기

[6국01-04] 자료를 정리하여 말할 내용을 체계적으로 구성한다.

[6국03-03] 목적이나 대상에 따라 알맞은 형식과 자료를 사용하여 설명하는 글을 쓴다.

주장하기

[6국01-02] 의견을 제시하고 함께 조정하며 토의한다.

[6국01-03] 절차와 규칙을 지키고 근거를 제시하며 토론한다.

[6국02-03] 글을 읽고 글쓴이가 말하고자 하는 주장이나 주제를 파악한다.

[6국03-04] 적절한 근거와 알맞은 표현을 사용하여 주장하는 글을 쓴다.

비판하기

[6국02-04] 글을 읽고 내용의 타당성과 표현의 적절성을 판단한다.

이야기하기

[6국03-05] 체험한 일에 대한 감상이 드러나게 글을 쓴다.

[6국05-04] 일상생활의 경험을 이야기나 극의 형식으로 표현한다.

[6국05-02] 작품 속 세계와 현실 세계를 비교하며 작품을 감상한다.

다음은 각 영역의 고유한 활동으로 쓰기와 문학, 매체 등에서 볼 수 있듯 여타의 성취기준들과 통합하기 어려운 것들이기에 독립적으로 제시하였습니다. 국어문화 역시 문법의 고유한 성취기준이란 점에서 함께 묶일 수 있을 것입니다.

쓰기

[6국03-01] 쓰기는 절차에 따라 의미를 구성하고 표현하는 과정임을 이해하고 글을 쓴다.

[6국03-02] 목적이나 주제에 따라 알맞은 내용과 매체를 선정하여 글을 쓴다.

문학

[6국05-01] 문학은 가치 있는 내용을 언어로 표현하여 아름다움을 느끼게 하는 활동임을 이해하고 문학 활동을 한다.

[6국05-03] 비유적 표현의 특성과 효과를 살려 생각과 느낌을 다양하게 표현한다.

[6국05-04] 일상생활의 경험을 이야기나 극의 형식으로 표현한다.

[6국05-05] 작품에 대한 이해를 바탕으로 하여 다른 사람과 적극적으로 소통한다.

[6국05-06] 작품에서 얻은 깨달음을 바탕으로 하여 바람직한 삶의 가치를 내면화하는 태도를 지닌다.

매체

[6국01-05] 매체 자료를 활용하여 내용을 효과적으로 발표한다.

[6국02-05] 매체에 따른 다양한 읽기 방법을 이해하고 적절하게 적용하며 읽는다.

[6국03-02] 목적이나 주제에 따라 알맞은 내용과 매체를 선정하여 글을 쓴다.

국어문화

[6국04-01] 언어는 생각을 표현하며 다른 사람과 관계를 맺는 수단임을 이해하고 국어생활을 한다.

[6국04-06] 일상생활에서 국어를 바르게 사용하는 태도를 지닌다.

태도

[6국01-07] 상대가 처한 상황을 이해하고 공감하며 듣는 태도를 지닌다.

[6국02-06] 자신의 읽기 습관을 점검하며 스스로 글을 찾아 읽는 태도를 지닌다.

[6국03-06] 독자를 존중하고 배려하며 글을 쓰는 태도를 지닌다.

[6국04-06] 일상생활에서 국어를 바르게 사용하는 태도를 지닌다.

[6국05-06] 작품에서 얻은 깨달음을 바탕으로 하여 바람직한 삶의 가치를 내면화하는 태도를 지닌다.

이처럼 5·6학년군의 성취기준 재구성을 보면 '낱말과 문장', '내용의 이해'는 언어 단위를 기준으로, 활동을 기준으로는 '추론하기', '설명하기', '주장하기', '비판하기', '이야기하기' 등이며, 영역 고유의 활동들은 '태도', '쓰기', '문학', '문법', '매체' 등 각 영역의 특정한 성취기준들이 각각 포함되어 있습니다.

전체적으로 5·6학년군은 핵심 개념에, 곧 본질에서도 알 수 있듯 지식의 양이 확대되었고, 개별적인 영역의 지식 또한 만만치 않아 통합에 많은 어려움이 있음을 알 수 있습니다. 다만 활동 중심으로 보자면, '본질'과 '태도'는 모두 활동 전체를 아우르거나 활동 속에 내재되어 있다는 점에서 연결시킬 수 있을 것입니다. 그러니 주요한 통합의 기준은 활동에 따라, '추론하기', '설명하기', '주장하기', '비판하기', '이야기하기' 등이며, 여기에서 '추론하기'를 제외하면 모두 담화의 유형들입니다.

3_ 5·6학년군 문학작품 읽어주기의 실제

01

동시 읽기 / 동시 쓰기 (1)

● **수업에 앞서**

이전 동시교육에 관한 외국의 사례를 읽은 적이 있습니다.

동시를 좋아하는 선생님이 있었죠. 선생님은 동시교육을 해볼까 생각하며, 먼저 동시 읽기부터 구안했습니다. 슈 박스라고 있죠? 운동화 담는 상자. 그걸 예쁘게 치장해서 '내 마음의 동시'라 이름 짓고는 아이들에게 마음에 드는 동시 한 편을 옮겨 써서 담으라고 했어요. 물론 원하는 아이들만. 학급문고로 동시집을 잔뜩 비치해 두는 것도 잊지 않았죠. 수업이 끝나고 집에 가기 전 선생님은 그 상자에서 한 편 동시를 골라 그 쪽지를 넣은 아이에게 읽어보라고 했어요. 매일 한 아이씩.

처음 아이들은 주뼛거리며 그다지 참여하지 않았다고 해요. 그래도 선생님은 계속했어요. 점차 참여하는 아이들이 늘었어요. 잘 읽지 못하는 아이를 위해서는 내일 낭송을 할 테니 미리 준비해 오라고 하기도 했어요. 그렇게 한동안 이어갔더니 어떤 아이가 학급문고로 비치되지 않은 동시는 안 되느냐고, 또 어떤 아이는 자기가 쓴 동시는 안 되느냐고 물어 왔어요. 당연 그러라고 했죠. 이제 동시 읽기는 교실을 넘어 확장되었고, 동시 쓰기로 경계가 넓어졌어요. 나중에 아이들에 왜 이 동시를 골랐는지 까닭도 설명하기 시작해요. 아이들은 점점 동시 읽기/쓰기에 재미를 붙였고, 나중에는 정말 아끼고 좋아하는 동시들을 모아서 낭송 축제를 열자고 해요. 아이들이 먼저 제안하죠. 낭송 축제를 하는 날에는 다른 반 친구들과 선생님들이 함께 하죠. 그것이 끝난 후 선생님은 그 동시들을 모아 동시집을 만들어요. 아이들 저마다가 참여해서 만든, 이 세상에서 하나뿐인 동시집이었어요. 학년이 끝날 때 아이들은 저마다 그 동시집을 품에 안고 헤어졌어요.

선생님은 매일 3분, 하교하기 전 3분을 들였을 뿐인데 아이들 마음속에는 저마다 동시로 지은 작은 꽃밭, 작은 집 한 채가 생겼어요. 굳이 외국의 사례만은 아닐 거예요. 지금도 곳곳에서 이렇게 동시를 누리는 우리네 선생님들이 있으니까요. 그게 곧 문학교육이고, 국어교육이며, 삶을 보는 눈을 가르치는 교육이 아니겠는지요. [동시, 동시 읽기/동시 쓰기]

● 수업

읽기전활동

오늘은 동시를 읽을 거예요. 제목이 '반성'이네요. 여러분도 반성 많이 하죠? 뭘 반성했어요? [이야기하기]

–

그럼 시인은 뭘 반성했을까요?

다 같이 읽어볼까요?

반성

함민복

늘
강아지 만지고
손을 씻었다

내일부터는
손을 씻고
강아지를 만져야지

—『날아라, 교실』(백창우 외 52인 동시집), 사계절, 2015.

읽는 중 활동

여러분은 어떻게 하나요?

강아지 만지고 손을 씻나요? 손을 씻고 강아지 만지나요?

–

왜 강아지를 만지고 나면 손을 씻어야 하나요? 그리고 왜 손을 씻고 강아지를 만져야 할까요? [주장하기]

–

어떤 것이 맞을까요?

–

그런데 시인은 무엇을 반성한다고 해요? 왜 반성한다고 할까요?

[내용의 이해]

–

읽은 후 활동

동시는 어땠어요? 재미있었나요?

별 점으로 평가해볼까요? [주장하기]

–

우리도 그런 적이 있나요. 무심코 했던 일인데 달리 생각하면 '반성' 해야 하는 일들. 그런 일들로는 무엇이 있을까요? [이야기하기, 문학]

–

그럼 우리도 그런 생각을 담아 동시를 써볼까요? [문학]

늘

______

______

내일부터는

______

______

이렇게 써보고 발표도 해봐요.

● 수업의 주안점

아주 짧은 동시입니다. 그럼에도 우리의 익숙한 관행을 뒤집는 날카로움이 묻어 있습니다. 이런 동시를 읽으면 시가 언어의 문제 이전에 삶을 보는 관점의 문제임을 깨닫게 됩니다. 동시를 읽을 때에는 명료한 이해가 먼저입니다. 시적 상황을 떠올려 보며 무슨 말을 하고자 하는지 파악해야 합니다. 그리고 자신의 생각이나 느낌 등과 결부시켜야 합니다. 나는 어떤가? 나는 강아지 먼저 만졌나 손 먼저 씻었나 생각해야 합니다. 그리고 그렇구나, 그래도 그건 아닌데 등 자신의 관점을 세워나가야 할 것입니다. 좋은 동시 역시 우리를 조금은 바꾸어놓습니다. 그리고 다른 여타의 '반성'으로 경험을 확장해 나갈 수 있으면 좋겠습니다.

02 동시 읽기 / 동시 쓰기 (2)

● 수업에 앞서

동시는 경험과 상상의 짝으로 이루어져 있습니다. 물론 어떤 동시는 경험만 드러날 수도 있고, 어떤 동시는 상상만으로 이루어져 있기도 합니다. 그러나 대부분의 동시는 경험과 상상이 한데 결합하여 존재합니다.

안녕, 똥

김성민

응
그래, 가

내가, 지금 이래서, 멀리 못 나가

응
가

잘 가

—『브이를 찾습니다』(김성민 동시집), 창비, 2017.

이 동시에 나타난 경험은 무엇일까요? 경험은 똥을 누고 물을 내리는 것입니다. 상상은? 작별 인사를 하는 것이죠. "응/그래, 가"라고 하는 첫 연을 보면 말을 먼저 건넨 것은 똥임을 알 수 있습니다. '나 이제 갈래. 잘 있어.'라고 말했겠죠. 그러자 시에서 이야기하는 화자가 말합니다. 붙잡을 수 없으니 보낼 수밖에요. 그래서 덧붙입니다. "내가, 지금 이래서, 멀리 못 나가" 하나의 발화니까 길게 이어서 표현했어요. 그런데 이다음에 다시 똥의 대답이 있을 것입니다. '응, 괜찮아. 그 꼴로 어딜 나와.'라고 하지 않았을까요? 그랬더니 화자는 다시 "응/가",

"잘 가"로 마무리합니다. 사실 이 동시에는 상상만이 자리 잡고 있습니다. 경험은? 그래요. 제목이 경험이겠네요. '안녕, 똥'이란 제목이.

어때요? 그럴듯한, 그럴 수도 있겠구나 하는 상상인가요? 그렇다면 이 동시는 경험과 상상이 잘 짜인 동시가 된답니다.

그러니 동시를 읽을 때에는 '1) 경험이 무엇인지를 안다. 2) 어디서 상상이 전개되는지를 파악한다. 3) 경험과 상상이 잘 연결되는지를 평가한다. 4) 나도 이와 비슷한 상상을 해본 적이 있는지 떠올려본다.' 등의 차례를 지켜 생각을 이어가면 좋을 것입니다. [동시, 상상력]

● 수업

읽기전활동

오늘은 동시를 읽어볼 거예요 먼저 동시를 읽어볼까요?

저녁 한때

임길택

뒤뜰 어둠 속에
나뭇짐을 부려 놓고
아버지가 돌아오셨을 때
어머니는 무 한 쪽을 예쁘게 깎아 내셨다.

말할 힘조차 없는지

무쪽을 받아든 채
아궁이 앞에 털썩 주저앉으시는데
환히 드러난 아버지 이마에
흘러난 진땀 마르지 않고 있었다.

어두워진 산길에서
후들거리는 발끝걸음으로
어둠길 가늠하셨겠지.

불타는 소리
물 끓는 소리
다시 이어지는 어머니의 도마질 소리
그 모든 소리들 한데 어울려
아버지를 감싸고 있었다.

—『할아버지 요강』(임길택 시집), 보리, 1995.

제목이 뭔가요?

–

무엇을 표현하고 있죠? [내용의 이해]

–

그럼 더 자세히 읽어볼까요?

읽는 중 활동

먼저 경험과 상상을 나누어보죠.

첫 번째 연은 경험인가요, 상상인가요? [내용의 이해]

–

두 번째 연은 경험인가요, 상상인가요?

–

세 번째 연은 경험인가요, 상상인가요?

–

그래요. 눈앞에서 보고 있는 것은 아니죠. 일어났던 일을 상상하고 있어요.

그럼 마지막 연은 경험인가요, 상상인가요?

–

그래요. 이 부분은 다 상상이에요. '소리들'이 아버지를 감싸고 있는 것이 아니라, 감싸고 있다고 느끼는 것이죠. 상상하고 있는 것이랍니다.

어때요? 이렇게 상상해볼 수 있을까요? [추리하기]

소리들이 모두 애쓰신 아버지를 꼭 감싸고 있다는 상상.

–

여러분이 그럴 수 있겠다고 생각하면 이 동시는 좋은 시가 되는 거예요. 그렇지 않다면 좋은 동시가 되기에는 부족하죠.

그럼 마지막으로 '나도 비슷한 상상을 한 적이 있다.'고 생각해본 적 있나요? [이야기하기, 문학]

발표해볼까요? 그게 사실은 아닌데, 그런 느낌을 받은 적이 있는지?

– (활동: 발표)

읽은후활동

그럼 이제 여러분이 상상한 것을 동시로 써볼까요? [쓰기, 문학]

앞의 시는 이런 짜임이 되는 거예요.

– 밤에

– 아버지가

– 나뭇짐을 해 오셨다.

– 소리들이 아버지를 감싸는 것 같았다.

여러분도 이 짜임을 떠올리면서 생각을 정리해봐요.

– 언제:

– 누가:

– 무엇:

– 그때 나는 ~을 하는 듯이 느꼈다.:

그리고 그것을 바탕으로 동시를 써보는 거죠.

자, 시작.

– (활동: 동시 쓰기와 발표/평가)

● 수업의 주안점

동시를 가르치는 방법은 딱히 정해진 것이 없습니다. 다만 1·2학년군에서는 '말놀이'가 중심이 되고 또 다른 한편으로는 그림책을 통해 '이미지'를 중심에 놓고 가르칠 수 있습니다. 3·4학년군에는 의미와 함께 비유가 잘 나타나는 동시가 좋을 듯합니다. 그리고 5·6학년군에서는 상상력을 가르쳐보는 것이 어떨까 생각해 보았습니다. 경험을 상상으로 밀어올리는 것.

「안녕, 똥」, 「저녁 한때」를 예시 작품으로 골랐습니다만 어떤 동시든 이 틀 속에 붙들어둘 수 있습니다. 그러니 직접 한번 이렇게 이런 방법으로 동시를 읽어보면 어떨까요? 우리네 아이들에게도 이렇게 읽어보는 것이 익숙해졌으면 하는 바람입니다.

03

「독후감 숙제」, 『문제아』

(박기범 동화집), 창비, 1999.

● **수업에 앞서**

'가난은 부끄러운 것이 아니라 다만 불편할 따름이다.'라는 말이 있습니다. 어린 시절 그 말은 내심 자존감을 잃지 않을 수 있게 해준 너무나 멋진 말이었습니다. 그러나 그 말이 멋지다고 느낀 것은 사실 가난이 불편할 뿐만 아니라 부끄럽기까지 하다는 현실 때문이었습니다.

박기범의 「독후감 숙제」는 가난을 다루고 있습니다. 가난한 현실보다 그 현실과 맞서는 건강한 인물에 초점을 맞추고 있습니다. 엄마와 단둘이 사는 주인공은 고단한 현실에도 불구하고 주눅 들지 않으며 사려 깊고, 다른 사람들의 고통에 깊이 공감할 줄 아는 인물로 그려지고 있습니다. 인물의 힘이 어쩌면 현실을 넘어서는 희망 그 자체일 것입니다. 작품은 우연히 보게 된 만화 속 이야기와 짝을 이루며, 자신을 되돌아보는 짜임을 지니고 있습니다. 두 짝이 서로 같은 점과 함께 상반된 점을 확인하는 것도 좋을 것입니다. [현실, 가족]

● **수업**

읽기전활동

독후감이 뭔가요?

–

독후감 숙제 해봤죠? 어때요? [이야기하기]

–

혹시 좋은 점은 없나요?

오늘은 여러분도 잘 알고 있는 '독후감 숙제'가 이야기의 중심이 되는 작품을 함께 읽도록 해요.

읽는중활동

44쪽 15줄 "내가 빨리 접어야지 하는 생각만 했다."

지금 이야기하고 있는 아이의 성격은 어떠한가요? [추리하기]

–

49쪽 일기 마지막 줄 앞. "2학년 10반 2학년 10반 어디요 우리 애도 2 학년 10반이란 말이요."

엄마는 어떤 마음일까요? 왜 엄마는 이렇게 말하고 있을까요? [추리하기]

–

50쪽 16줄 "엄마는 가만있다가 나한테 얼른 숙제하고 자라, 했다."

왜 엄마는 '이년아.' 하면서 뭐라 하지 않았을까요?

–

53쪽 9줄 "오늘따라 웬일인지 엄마는 나를 세게 끌어안았다." [추리하기, 문학]

엄마는 왜 그랬을까요?

–

읽은후활동

느낌이 어떤가요?

–

두 인물, 주인공과 엄마의 성격은 어떤가요? [문학]

–

이 작품은 아주 슬프게 끝났어요. 다른 동화와 달리. 그렇지만 이 작품이 그저 슬프지만은 않아요. 작품에 희망이 있다면 그것은 무엇일까요? [주장하기, 문학]

–

그럼 우리도 이 「독후감 숙제」에 대한 독후감을 써볼까요? [쓰기]

–

● **수업의 주안점**

「독후감 숙제」는 정서적인 울림이 큰 작품입니다. 그 울림에는 공감이란 문학의 힘이 자리 잡고 있기 때문입니다. 그리고 공감을 가능하게 만드는 장치는 인물입니다. 현실 속에서 인물이 어떤 선택을 하고, 생각과 느낌을 진전시켜 나가는지가 작품 이해의 중심이 되어야 합니다. 따라서 인물의 성격을 묻는 활동은 아주 중요합니다. 그리고 주인공뿐만 아니라 또 다른 인물인 엄마의 마음결을 읽어내는 것도 필요합니다. '읽은 후 활동'으로는 '독후감'을 써보게 하는 것이 작품의 내용과 조응하는 활동일 것입니다.

04

「축구공을 지켜라」, 『꼴뚜기』

(진형민 동화집), 창비, 2014.

● **수업에 앞서**

어린이들의 삶도 어른들과 다를 바 없이 많은 문제들로 가득 차 있습니다. 어린이들 역시 문제와 맞서고, 때로는 좌절하기도 때로는 극복하기도 합니다. 이 작품은 위력에 짓눌려 괴롭힘을 당하는 한 아이의 이야기를 표현하고 있습니다. 주인공 길이찬은 아끼던 축구공을 지키지 못한 채 상급생인 노범재 패거리에게 넘겨주어야 하는 상황에 처합니다. 어쩌면 우리 어린이들이 종종 마주치는 상황일 것입니다. 인물은 이 문제 상황을 어떻게 극복할까요? 길이찬의 친구들은 함께 지혜를 모으기도 합니다. 독자인 우리는 어떻게 문제를 해결할 수 있을까요? 작품은 정교하게 질문을 던지고 있습니다. 더욱이 작품의 종결에서 새로운 반전을 안겨줌으로써 또 다른 질문도 슬쩍 얹어두고 있기도 합니다. [현실, 괴롭힘]

● **수업**

읽기전활동

우리는 어른들과 마찬가지로 여러 현실적인 문제들에 부딪히며 살아가고 있습니다. 어떤 문제들이 여러분이 겪는 현실인가요? 어떤 것이 여러분을 괴롭히나요? [이야기하기]

–

오늘은 그런 문제를 다루고 있는 작품을 읽어볼까 해요.

제목이 '축구공을 지켜라'입니다. 어떤 내용일까? [추리하기]

–

주인공은 축구공을 아주 좋아해요. 주인공의 축구공처럼 내게 가장 소중한 물건은 무엇인가요? [이야기하기]

–

읽는 중 활동

82쪽 9줄 "축 처져 있는 반 아이들 틈에서 길이찬이 혼자 벙싯벙싯 웃고 서 있었다."

왜 혼자 웃고 있을까? 자기 반이 졌는데도? [추리하기]

–

87쪽 16줄 '조금만 참아. 금방 끝날 거야. 정말이야. 아주 잠깐이면 돼.'

길이찬은 누구에게 말하고 있나요?

–

길이찬이 이렇게 말한 까닭은? 길이찬의 지금 마음은? [추리하기]

–

89쪽 17줄

자, 여러분이라면 이 상황에서 어떻게 했을까요?

–

포스트잇에 써봐요. "이렇게 한다. 왜냐하면~" 이런 형식으로. 다 썼으면 칠판에 붙여요. 붙일 때는 비슷한 생각들끼리 모일 수 있도록 다른 포스트잇을 보고 붙여요. (정리. 많은 사람들이 이렇게 생각하네요. 기발한 아이디어도 있네요.) [주장하기]

그럼 길이찬의 친구들은 어떻게 조언을 하는지 봅시다.

92쪽 2줄.

첫 번째는 누구였나요? 그리고 그 친구의 생각은 무엇이었나요?

[내용의 이해]

– 박용주, 시키는 대로 한다.

자, 이제 다음 친구들도 어떻게 주장하고 있는지 정리하면서 듣기로 해요.

– 김소정:

– 오선재:

– 홍지영:

– 장백희:

98쪽 13줄 "길이찬은 한참을 생각한 끝에"

어떻게 하기로 했을까요? [추리하기]

–

99쪽 9줄 "에이 씨, 이제 공 못 빌려 줘요. 형 빌려주려고 산 거 아니라고요!", 14줄 "혀엉, 이제 공 안 빌려 드리면 안 될까요? 축구공 들고 다니기 너무 힘들어요."

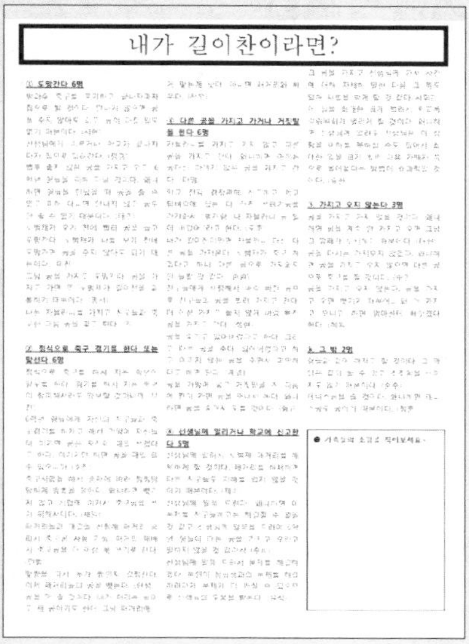

내가 길이찬이라면?

① 도망간다 6명

④ 다른 공을 가지고 가거나 거짓말을 한다 6명

5. 가지고 오지 않는다 3명

③ 선생님께 알리거나 학교에 신고한다 5명

6. 그 밖 2명

자, 이 두 가지를 연습해서, 각각 다른 어조로 해 봐요. 반언어적 표현에 유

의하면서. 우리 반의 배우는 누구일까요? [문법]

–

99쪽 18줄 "그날 이후로 길이찬은 노범재 패거리에게 축구공을 빌려 주지 않게 되었다."

어떻게 된 걸까요? 두 번째 방법이 통한 걸까요? 아니면 다른 이유라도? [추리하기]

–

100쪽 9줄

끝? 아뇨, 아직 끝이 아니에요. 이제 작품을 마무리해야 해요. 어떻게 마무리를 하면 좋을까요?

–

읽은 후 활동

재미있었어요? 어떤 점이 가장 좋았나요? 안 좋았다면 또 어떤 점이 마음에 들지 않았나요? [문학]

–

주제는 작가가 정말 이 이야기를 통해 하고 싶은 말이에요. 그렇다면 이 작품의 주제는 뭘까요? [문학]

–

사람은 다 똑같다? 다른 사람의 입장에서 언제나 생각해야 한다? 어떤 게 이 작품의 주제일까요? [주장하기]

–

우리는 이런 적이 없었나요? 자기의 경험을 떠올려 비슷한 일을 이야기해볼까요? 아니면 써볼까요? [이야기하기]

–

〈참고자료: 「축구공을 지켜라」 뒷이야기〉

'야! 나 결정했어. 난 한번 그 형들한테 도전해 볼래." 길이찬이 말했다. 그러자 뒤에 있던 구주호가 어이없다는 표정으로 길이찬을 바라보며 말했다. "야, 너 미쳤어? 뭔 그 형이랑 싸워?" 그러자 길이찬도 어이없다는 듯이 대답했다. "야, 내가 미쳤다고 그 형들이랑 싸우겠어? 축구말이야 축구!" 구주호가 안정을 되찾으면 평온한 얼굴로 대답했다 "아~ 난 또. 야, 근데 축구로 뭐 어쩌게?" 길이찬은 그 질문에 대답을 했다. "그 형들한테 5학년 : 6학년 축구 시합을 해서 진 사람이 양보하기. 어때?" "오오~" 구주호가 왠일이냐 듯이 대답했다. 그러자 장백희가 물었다. "근데 6학년 형들을 어떻게 이기게?" 그러자 길이찬이 어제 축구하는거 보니까 좀 못하던데? 다리힘이 더럽게 세가지고 골문을 넘기더라구." 그러자 구주호가 "야, 그럼 지금 노범재 형한테 가서 대결 제안하러 갈래?" "그럴까?" 길이찬이 대답했다. 그리고 노범재는 그 제안을 받아들였다. 띵동댕동..... 와아아아아아!-학교가 끝나고 노범재와 축구시합을 붙을 시간이 다 되었다. 그리고 노범재 패거리가 왔다. 길이찬은 친한 친구들은 죄다 긁어모았다. 그리고 경기는 시작되었다. 길이찬은 든든한 표정이었다. 수비들이 서로 손을 잡고 하객진을 펼치고 있었기 때문이다. 그리고 피나는 노력 끝에 경기는 4:3으로 길이찬이 사랑스러운 자블라니를 지킬 수 있게 되었다.

● 수업의 주안점

이 작품은 사건이 풍부하게 제시되고 있는 작품입니다. 더욱이 작품은 현실적인 문제에 대한 인물의 선택을 중심축에 설정하고 있습니다. 따라서 중요한 지점에서 '어떤 선택을 해야 할까?'를 묻는 것이 아주 중요합니다. 이 질문은 단순히 '예측하기'가 아니라 현실의 문제에 어떻게 대처해야 하는지를 추체험하는 것이기도 합니다. 어쩌면 문학이 가진 가능성 중의 한 가지가 바로 이 선택을 보여줌으로써 앞질러 경험을 하게 해준다는 것입니다. "같은 상황이라면 여러분은 어떻게 했을까요?"라는 질문, "길이찬은 '한참을 생각한 끝에' 어떤 결론을 내렸을까요?" 등이 꼭 던져보아야 할 질문입니다.

그리고 이 작품은 그저 공을 지켜낸 것으로 이야기가 마무리되지 않고, 피해자의 입장을 가해자로 전도시키며 새로운 문제를 던져주고 있습니다. 이는 작품의 주제와 연결됩니다. 과연 작가는 이 두 이야기를 나란히 제시함으로써 무엇을 말하고자 하는 것일까요? 주제에 대한 탐구를 '읽은 후 활동'에 제시한 것도 이 때문입니다.

05

『사랑에 빠진 도깨비』

(김현수 동화), 상상의힘, 2016.

● 수업에 앞서

옛이야기는 묵은 책 속에 머물러 있지 않고 쉼 없이 재창작되기도 합니다. 이런 작품을 우리는 '창작 옛이야기'라고 따로 분류하기도 하지요. '창작 옛이야기'는 무엇보다 오늘의 문제의식을 소중히 여깁니다. 형식은 옛이야기이지만 탐구하는 주제는 지금, 여기의 문제인 것이지요. 물론 지금 들려줄 이야기는 '사랑'에 관한 이야기입니다. 그만큼 보편적인 울림을 주는 것도 없을 테니까 늘 새롭게 쓸 수 있을 것입니다.

작품에는 독특한 인물이 등장합니다. '도깨비'입니다. 제목처럼 '사랑에 빠진'. 요즘의 사랑과 무엇이 다를까요? [옛이야기, 사랑]

● **수업**

읽기전활동

오늘은 옛이야기를 한 편 들려줄 거예요. 여러분, 옛이야기 좋아하나요?

이 이야기는 옛이야기이기는 하지만 예부터 전해 내려오는 이야기는 아니고, 작가가 옛이야기의 형식을 빌려 새롭게 창작한 것이랍니다. 일종의 패러디이기도 하지요.

어떤 이야기일까요? 여러분도 옛이야기를 많이 아니까, 펼쳐질 내용을 먼저 예측해볼까요? [문학]

–

그래요. 다들 재미있게 이야기를 꾸몄네요. 그럼 이 작품을 한번 읽어볼까요?

읽는중활동

10쪽 8줄 "고걸 못 참아 도깨비 얼큰이가 저 난리라니까."

첫 장을 열자마자 등장인물이 나오네요. 누구, 누구가 등장하나요? [내용의 이해]

–

13쪽 5줄 "얼큰이는 도깨비거든."

왜 얼큰이는 복순이를 도와주지 못할까요? [내용의 이해]

–

15쪽 5줄 "산속 도깨비 집으로 향했어."

자, 이제 이야기가 시작되고 있어요. 이야기는 어떤 상황인가요? 앞으로는 어떻게 진행될까요? [추리하기]

–

20쪽 5줄 "그럼 관두시오."

얼큰이는 어떻게 했을까요?

–

26쪽 3줄 "이를 어째."

얼큰이는 어떻게 할까요?

–

34쪽 11줄 "마음이 죄어와."

왜 마음이 죄어 올까요?

–

42쪽 8줄 "마을에 도둑이 있구나 했지."

자, 이야기는 어떻게 되었을까요? [추리하기]

–

45쪽 16줄 "눈앞이 아득해지는 거야."

왜 얼큰이는 눈앞이 아득해졌을까요?

–

53쪽 1줄 "온몸에서 힘이 솟구쳐 올랐어."

왜 그럴까요?

–

65쪽 15줄 "그때였어."

무슨 일이 일어났을까요? [추리하기]

–

80쪽 15줄 "관청을 나와 복순이 집으로 갔지."

자, 이야기는 어떻게 되었을까요?

–

읽은 후 활동

자, 어땠어요? 재미있었나요?

재미있었다면 무엇이 재미있었고, 재미가 없었다면 왜 재미가 없었나요? [문학]

–

줄거리를 요약해볼까요? [내용의 이해]

–

가장 기억에 남는 장면이 있나요?

–

이 작품을 다른 친구들에게 추천하고 싶은가요? 그 까닭은 무엇인가요? [문학]

–

작품을 다른 친구들에게 다시 이야기해줄 수 있을까요?

누가 가장 구수하게 이야기를 하는지 들어볼까요? [태도]

–

● **수업의 주안점**

옛이야기에서 가장 중요한 활동은 '예측하기'입니다. 서사의 힘이 옛이야기의 매력이니까요. 이 작품에서도 밥상이 요술밥상이 아님을 알았을 때, 팥죽을 먹고 싶다고 했을 때, 복순이가 제가 도둑이라고 나타날 때 등 서사의 분기점에서 꼭 질문해야 합니다. 그리고 '읽은 후 활동'으로 이야기를 직접 들려주는 것도 좋은 활동일 듯합니다. 실제 구수하게 이야기를 들려주는 것이야말로 문학의 즐거움을 마음껏 누릴 수 있는 활동일 것입니다.

06

「다복이가 왔다」, 『힘을, 보여 주마』

(박관희 동화집), 창비, 2006.

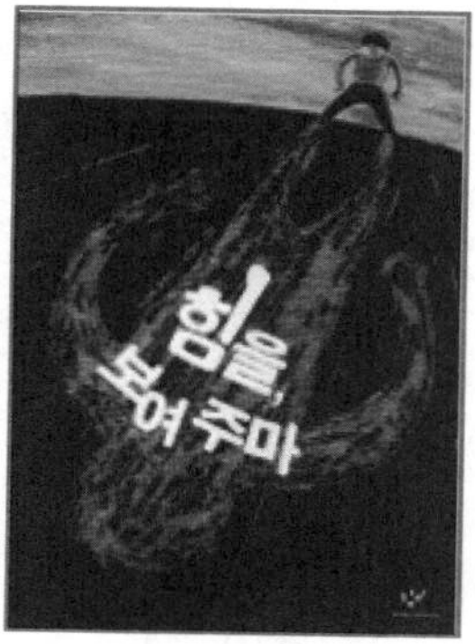

● **수업에 앞서**

우리는 다양한 관계 속에서 살아갑니다. 아직 초등학생인 아이들이 맺고 있는 관계는 가족, 또래, 선생님 등이 가장 가까운 관계일 것입니다. 그 가운데 우리네 아이들이 학교에서 마주치는 친구들은 가족만큼이나 삶의 중요한 부분을 이루고 있을 것입니다. 그 친구들과 어떻게 관계를 맺어 나가야 하고, 또 나갈 수 있도록 도와야 할까요?

다복이는 늘 뒤처진 아이였고, 결국 현실에 떠밀려 학교를 그만두게 됩니다. 그런데 어느 날 성큼 성장한 모습으로 다시 학교를 잠시 찾아오게 됩니다. 아쉬움과 그리움을 안고. 그런데 정작 이 작품은 돌아온 다복이보다 돌아온 다복이를 통해 스스로를 생각하고, 또 지금 돌아온 다복이를 어떻게 대해야 할지를 다루고 있습니다. 그런 만큼 작품은 서술자가 계속 이동해가고, 마침내 수빈이를 중심으로 이어져가고 마무리 짓습니다. 독특한 서술 방식과 함께 다채로운 인물들 저마다의 느낌들이 잘 살아나는 작품입니다. 이 작품을 통해 대상인 다복이를 보는 관점의 차이와 저마다의 관점에 담긴 느낌들을 포착할 수 있으면 좋을 것입니다. [현실, 친구 관계]

● **수업**

읽기전활동

오늘 함께 읽을 작품은 「다복이가 왔다」라는 작품이에요. 제목처럼 '다복이가 왔어요.'

이 작품은 지난날에 대한 이야기예요. 조금 가슴 아픈 이야기. 누군가를 마음 아프게 한 이야기.

어때요? 우리 반 친구들도 그런 적이 있나요? 누군가를 마음 아프게 한 적? 얘기하기가 쉽지 않은가 보네요. 그래도 얘기해볼까요? [이야기하기]

–

아니면, 이건 어때요. 내가 마음이 아팠던 적은?

–

그럼 작품을 읽어볼까요?

읽는 중 활동

65쪽 8줄 "그때 생각이 나 창규는 속이 뜨끔했다."

지금 창규의 마음은 어떨까요?

–

왜 그런 마음이 들었을까요? [주장하기]

–

66쪽 4줄 "경애는 이맛살을 찌푸렸다."

지금 경애 마음은 어떨까요? 또 왜 그런 마음이 들었을까요?

–

68쪽 11줄 "지혜는 세차게 도리질을 쳤다."

지금까지 들은 걸로 미루어보아 다복이는 어떤 아이인가요?

–

70쪽 5줄 "김 선생님은 약간 인상을 찌푸렸다."

김 선생님은 어떤 선생님인가요? [추리하기]

–

72쪽 4줄 "다행히 떡볶이 먹을 시간은 안 되었다."

왜 수빈이는 '다행히'라고 했을까요? [문학]

–

73쪽 9줄 "그 말에 내 가슴이 다시 철렁 내려앉았다."

'그 말'은 어떤 말이었나요? [내용의 이해]

– '학교에서처럼'

73쪽 14줄 "근데 이상하지. 아직까지 금릉초등학교 5학년 2반 교실에 앉아 있는 꿈을 꿔."

다복이는 왜 꿈을 꾸는 걸까요? [추리하기]

–

75쪽 20줄 "부탁 하나 해도 될까?"

다복이는 어떤 부탁을 할까요?

–

79쪽 3줄 "문득 가슴 아래께가 뻐근해져 왔다."

여러분도 이런 적이 있었나요? 가슴 아래께가 뻐근해져 오는? 어떤 느낌인가요? 어떤 상황에서 그런 느낌을 받았나요. [추리하기]

–

지금 수빈이 마음은 어때요? [추리하기]

–

79쪽 7줄 "학원 차와 반대쪽으로 걸어가는 다복이 뒷모습이 가물가물 멀어져 가고 있었다."

이야기는 어떻게 끝날까요? [추리하기]

읽은후활동

다 읽었네요. 느낌이 어때요? 작품을 읽은 느낌을 말해볼까요? [문학]

–

이 작품은 작가가 잘 쓴 것 같아요? 어떤 점이 좋았나요? 아니면 불

편했나요? [문학]

–

나라면 '다복'이 같은 아이에게 어떻게 대했을 것 같은가요? [이야기하기]

–

이 작품은 누구의 관점에서 이야기되고 있나요?

– 여러 사람의 관점이며, 수빈이가 후반부의 초점이 되고 있다.

여러 사람의 관점이 드러남으로써 얻는 효과는 무엇인가요?

– 여러 사람의 마음속 생각을 알 수 있게 해준다.

● **수업의 주안점**

문학작품은 인물을 통해 우리네 마음을 비춰볼 수 있게 해줍니다. 생각과 느낌이 잘 드러나게 만들며, 그로 인해 새로운 선택을 할 수 있게 해줍니다. 이 작품에서도 우리는 다복이를 중심에 두고 다양한 인물들이 어떻게 처신했는지가 과거 회상으로 포착되고 있습니다. 독자는 이들 인물들과 공감하거나 때로는 거리를 두며, 자신의 가치를 형성해나갈 것입니다. 그러자면 인물들의 마음을 최대한 깊이 이해해야만 할 것입니다. 어떤 마음이 들었을까요?

이 작품은 인물의 심리가 가장 중심에 놓이는 작품입니다. 그러니 인물의 심리를 중심으로 밀어올리는 활동이 필요합니다. 다양한 인물들이 다양한 모습으로 저마다의 심리를 드러내고 있습니다. 겉으로 잘 드러나지 않는 감추어진 마음의 결까지 읽어낼 수 있는 활동을 구안해 보는 것이 좋을 듯합니다.

07

「보리방구 조수택」, 『만국기 소년』

(유은실 동화집), 창비, 2007.

● **수업에 앞서**

누구나 잊지 못할 기억을 지닌 채 살아갑니다. 그러나 바쁜 일상 속에서 우리는 때로는 잊어버리고 살기도 합니다. 그럴 때 어떤 작품이 갑자기 그 어린 날의 풍경을 고스란히 되살려줄 때가 있습니다. 문학작품은 오래전에 겪은 일을 불현듯 다시 떠올리게 해주거나 앞으로 겪어야 할 일을 앞질러 보여주기도 합니다. 그리고 또 지금 겪고 있는 일들 가운데 우리가 잊지 말아야 할 일들을 또박또박 아로새겨주기도 합니다.

여기 어린 시절의 잘못을 오래도록 잊지 못한 채 거듭 뉘우치는, 이제는 어른이 된 한 아이가 있습니다. 물론 의도적으로 골려주기 위해 한 일은 아니었습니다. 너무 어린 나머지 타인의 상처에 민감하지 못했기에 일어난 일일 뿐입니다. 그런데도 그 어리석음이 두고두고 서술자를 아프게 하고, 또 다른 인물을 아프게 했네요. 그래도 잊지 않고 기억한다면, 마음속에 간직한다면 그나마 잘못이 덜어지지 않을까요?

이 주인공처럼. [현실, 친구 관계]

● 수업

읽기전활동

오늘 함께 읽을 작품은 「보리방구 조수택」이란 작품입니다. 어떤 작품일 것 같아요?

제목에 나란히 있는 것으로 보아 아마도 '보리방구'는 조수택이란 아이의 별명일 것 같네요. 왜 이런 별명이 붙었을까요? [내용의 이해]

–

우리 반 친구들도 별명이 있나요? 가장 재미있는 별명은 누구의 별명인가요? [대화하기]

–

별명이 재미있으려면 친구를 잘 설명해줄 수 있어야 할 것 같아요. 그리고 친구의 안 좋은 점보다는 좋은 점으로 별명을 지어 부르면 부르는 친구나 불리는 친구나 서로 좋지 않을까요?

'보리방구 조수택'? 제목만 떠올려본다면 어떤 이야기가 전개될 것 같은가요? [추리하기]

–

읽는중활동

126쪽 3줄 "아마 단체로 벌 서는 줄 알았을 거야."

뭘 하는 장면일까요? 남자아이들이 다 나와 있고, 멋쩍은 표정을 짓고 있다네요.

–

127쪽 9줄 "그때 앞으로 나온 아이가 하나 있었어." [추리하기]

누굴까요?

–

127쪽 20줄 "나는 그만 숨이 멎어버리는 것 같았어."

왜 그랬을까? 왜 숨이 멎어버리는 것 같았을까요? [문학]

–

129쪽 3줄 "교실 맨 뒤에 혼자 앉는 자리는 거의 수택이 차지였지."

선생님은 어떤 분이신 것 같아요? [문학]

–

129쪽 4줄 "그래도 나는 대놓고 싫어하는 눈치를 보일 수가 없었어."

왜 그랬을까요? '나'도 다른 아이들처럼 싫어하는 눈치만 줘도 수택이는 알아서 자리를 바꿨을 텐데. 왜 '나'는 가만히 있었을까요?

–

130쪽 15줄 "어깨를 움츠리고 왼팔로는 도시락이랑 깍두기 통을 가리면서 말이야."

자, 수택이처럼 한번 해볼까요?

–

지금까지 나타난 것으로 미루어보면 수택이는 어떤 아이인가요? [추리하기]

(tip! 수택이의 겉모습과 나란히 좋은 점들이 드러나도록 기다려줍

니다. '수택이는 눈치가 빠르고, 성실하고, 부끄러움을 많이 탄다. 용감하다.' 등등 근거를 작품에서 갖다 대며.)

–

132쪽 6줄 "우리는 그렇게 딱딱한 선생님이 낯설었어."

이제 어떤 일이 일어날까요? [추리하기]

–

132쪽 16줄 "수택이는 밥을 우물거리다 말고 멍하니 있었고."

자, 수택이는 어떻게 했을까요?

–

132쪽 20줄 "싹싹 닦아 먹었지."

자, 이제 무슨 일이 일어날까요?

–

수택이가 깍두기를 받았어요. 그럼 수택이가 뭔가를 줄 차례인데, 수택이는 무엇을 주었을까요? [추리하기]

–

힌트가 앞에 나와 있어요. 무엇을 주었을까요? [추리하기]

–

135쪽 3줄 "수택이는 어깨를 떨고 있었어. 누런 내복도, 낡고 터진 스웨터도 함께 떨렸지."

수택이는 왜 떨고 있었을까요? 지금 수택이 마음은 어떨까요? [문학]

–

135쪽 5줄 "그리고 내 어깨도."

자, 수택이는 여러 가지 복잡한 마음으로 지금 어깨를 떨고 있어요. 그런데 '나'도 역시 '어깨를 떨고 있네요.' 지금 '나'의 마음은 어떨까요?

–

136쪽 16줄 "어디서 무얼 했으면 좋겠냐고? 음……. "

이 작품에서 이야기하는 사람은 누구인가요? '윤희.' 그래요. 그런데 이 작품에서 이야기하는 사람은 어른인가요, 아이인가요? '어른.' 그래요. 어른이 된 '윤희'가 누군가에게 어린 시절의 이야기를 들려주고 있어요. 아마 조카쯤 되겠죠. 그런데 이야기를 다 들은 조카아이가 물어요. *"수택이는 지금 어디서 어떻게 살까 궁금해지기도 하지."* 라고 이야기를 들려줬더니. *"어디서 무얼 했으면 좋겠어요?"*라고. 그러니 이야기하는 어른이 된 '윤희'가 질문을 반복하죠. *"어디서 무얼 했으면 좋겠냐고?"* 그리고 조금 생각해요. *"음……. "* 그리고는 말하겠죠? 어디서 무얼 했으면 좋겠는지를. 뭐라고 말했을까요?

여러분이 한번 써볼까요? **[쓰기, 문학]**

"어디서 무얼 했으면 좋겠냐고? 음……. " 이렇게 시작해요. 자, 윤희의 마음이 되어서 써보도록 합니다. 발표도 해봐요.

(**tip!** 인물의 마음을 추체험하는 중요한 활동이니 시간을 많이 주도록 합니다.)

–

136쪽 16줄 그럼 유은실 작가는 뭐라고 했을까요? 마지막을 한번 들어봅시다. 여러분이 쓴 것과 무엇이 같고 또 무엇이 다른지.

"어디서 무얼 하든…… 그날이 생각나지 않았으면…… 생각나더라

도 너무 아프지 않았으면…… 그랬으면, 내 친구 수택이가 꼭 그랬으면 좋겠어."

읽은 후 활동

자, 작품을 다 읽었네요. 어떤가요? 재미있었어요?

감동적이라면 무엇이 감동적인가요? 재미없었다면 왜 재미없는 걸까요? [문학]

–

어떤 활동을 해볼 수 있을까요?

수택이의 그날(윤희가 신문을 태워버린 날)의 일기 쓰기는 어때요? [쓰기]

–

이걸 써보는 것도 괜찮을 것 같은데.

"내가 누군가를 아프게 한 일", 아니면 "돌아보면 후회되는 일" 어때요?

자, 이런 제목으로 글을 한 편 써보도록 해요. [쓰기]

– (활동: 발표)

● 수업의 주안점

이 작품은 '후회'라는 주제의 측면에서 5학년 혹은 6학년 학기말쯤이 작품을 읽어주기에 적절한 시점인 듯합니다. 한 해를 되돌아보며 마무리하기에 좋은 작품이지요.

이 작품은 특히 잘 짜인 서사가 돋보입니다. 사건이 이미 제시된 복선을 따라 차근차근 진행되고 있기 때문입니다. 그러니 주요한 활동은 '다음은 어떻게 되었을까? 어떤 사건이 전개될까?'가 〈읽는 중 활동〉의 중심에 놓일 수 있습니다. 작품 속에서 근거가 함께 제시되어 있으니 엮어서 제시할 수 있으면 좋을 것입니다. 마지막 활동도 깊이 있는 결말이란 점에서 좋은 활동입니다.

그리고 〈읽은 후 활동〉에서는 완전한 한 편의 글을 써보는 것이 좋을 듯합니다. 작품 전체를 읽고, 작품 전체에 걸친 활동을 하듯, 글쓰기 역시 온전한 한 편의 글을 써보는 것도 꼭 필요한 활동일 것입니다.

08
「처음 가진 '우리들의 집'」, 『처음 자전거를 훔친 날』

(사토 마키코 동화집), 웅진주니어, 2007.

● 수업에 앞서

이번엔 일본 작품을 읽어보려고 해요. 다른 나라의 번역 작품들은 주로 장편동화라 읽기가 쉽지가 않은 데 비해 일본 작품은 단편동화도 적지 않게 번역되어 있습니다. 그래서 우리와는 조금 다른 문제를 담고 있는 작품을 엿볼 수 있답니다. 이 단편 「처음 가진 '우리들의 집'」은 단편집의 표제작으로 사토 마키코의 작품입니다.

어느 날 아이들이 사람이 살지 않는 집을 발견합니다. 아이들은 이 집을 자신들만의 아지트로 만들지요. 집과는 아주 다른. 이곳에서 아이들은 규칙도 새롭게 정하고, 자신만의 공간에서 자신만의 하고 싶은 일을 해나갑니다. 그 과정에서 아이들은 아주 새로운 경험들을 하게 되지요. 어떤 경험을 하게 될까요? 우리에게도 이와 같은 집이 생긴다면, 누구를 초대할 것이며, 그곳에서 무엇을 하고 싶을까요? 상상만으로 마구 즐거워지는 일이 아닐 수 없습니다. 나만의 집, 우리들만의 집이 따로 생긴다면 말입니다. **[친구 관계, 미래]**

● 수업

읽기전활동

여러분은 뭘 가지고 싶은가요? 어릴 때는 어릴 때대로 갖고 싶은 것이 있었을 거예요. 그런데 이제 성큼 자랐으니 이젠 또 뭘 가지고 싶을까요? **[이야기하기]**

–

주인공들에게 '집'이 생겼다고 합니다. 여러분에게 집이 생긴다면 어떤 일이 일어날까요?

그 집에서 무엇을 하고 싶은가요? **[이야기하기]**

–

우린 처음 집을 가진 아이들의 이야기를 읽어볼 거예요. 이번에는 좀 길어요. 아마 한 시간 읽어도 모자랄지 몰라요. 그러니 잘 들어봐야 해요.

읽는 중 활동

160쪽 "따라가고 싶은 이유가 있었다."

그 이유는 뭘까요?

–

168쪽 "아까 말한 계획이란 게 뭔데?"

료헤이가 세운 계획은 뭘까?

–

176쪽 "지금도 생생히 기억하고 있다." [추리하기]

이런 말을 들었을 때 느낌은 어떨까요?

–

183쪽 "셋은 다시 똑같이 고개를 끄덕였다."

자, 이제 여러분에게도 집이 생겼어요. 누구의 방해도 받지 않고 살 수 있는 집.

여러분이라면 이 집에서 무엇을 하고 싶은가요? [이야기하기]

–

이 집에서 살기 위해 무엇이 필요할까요?

–

196쪽

어떤 규칙이 있어야 할까? [주장하기]

–

199쪽 "무엇이 이렇게 마음을 만족시키는 것일까?"

뭘까요? 무엇이 이렇게 마음을 편안하게 만드는 걸까요? [추리하기]

–

206쪽 "그때, 문득 료헤이의 마음에 결코 있을 수 없는 광경이 떠올랐다."

어떤 광경이 떠올랐을까요? '있을 수 없는 광경'이라고 했어요. [문학]

–

229쪽 "그럼, 나는? 나는 어떤 일이 맞을까?"

나는 어떤 일이 맞을까? 내게 맞는 일은 무엇일까? 겐은 '빵 굽는 일'을, 다쿠미는 '오락실을 해서 돈을 많이 벌고 싶다'네요. 20년이 지난 다음의 나는 어떤 모습일지 그려볼까요? [쓰기]

–

233쪽 "초승달을 향해 꾸벅 머리를 숙였다."

료헤이는 어떤 마음이 일어 머리를 숙였을까?
여러분도 이런 마음이 들 때가 있었나요? [문학]

–

238쪽 "정신이 들자 모두들 소리도 없이 어리둥절하여 길가에 멈춰서 있었다."

어떤 일이 일어난 걸까요? [추리하기]

–

243쪽 "여기에 새 집이 지어지면, 행복한 가족이 살았으면 좋겠다."

소타는 왜 이런 말을 했을까요?

—

읽은 후 활동

242쪽 '그렇다. 이것을 내 꿈으로 하자. 아무리 낡아 빠진 집이라도 좋다. 모두가 좋은 시간에 모여 아무도 신경 쓰지 않고, 좋아하는 것을 할 수 있는 것을 할 수 있는 집을 갖는 것. 그 꿈을 향해 나는 나아간다. 나아갈 것이다.'

료헤이는 이렇게 생각했네요. 어떻게 료헤이의 꿈은 언젠가는 이루어질까요? '그 꿈을 향해 나는 나아간다. 나아갈 것이다.'

내가 꿈꾸는 일은 무엇인가요? [이야기하기, 쓰기]

—

우리에게도 '우리들의 집'이 생긴다면, 그곳을 어떻게 꾸미고, 그곳에서 무엇을 하고 싶은가요?

그곳의 규칙은 또 무엇으로 정해야 할까요? [주장하기, 쓰기]

—

● 수업의 주안점

어느 날 아이들에게 '집'이 생겼어요. 정말 놀라운 상상입니다. 우리가 어린 시절 누구나 한 번쯤 꿈꾸었던 일입니다. 나만의 집, 우리만의 집이 생긴다면. 주인공들은 이 꿈을 발견하고 또 실현합니다. 우리 아이들도 이런 상상이 실현되어 조금이나마 꽉 막힌 현실에서 탈출구가 생기면 좋겠습니다.

이 작품에서는 아주 일반적인 '예측하기'와 '인물의 심리 알기'를 중심적인 활동으로 배치하였습니다. 새로운 상황에서 인물의 마음을 따라가 보는 일이 중요하다고 생각되었기 때문입니다. 그리고 작품 속 현실과 나란히 '내가 꾸는 꿈'을 그려보는 것도 뜻깊은 활동일 것입니다. 누구에게나 크든 작든 꿈은 있을 테니까요. 직업이어도 좋고, 바람이어도 좋고. 제한 없이 꿈을 그려볼 수 있는 시간이 되었으면 합니다.

09

「대장마마」, 『개고생』

(이창숙 동화집), 상상의힘, 2014.

● 수업에 앞서

요즘 아이들의 가장 큰 관심사는 이른바 '연애'이기도 합니다. 누가 누구를 좋아하는 것은 자연스러운 일이고 또 바람직한 일이기도 합니다. 구태의연한 관점으로 그저 앞장서서 가로막을 수도 없습니다. 어떻게 하면 바람직한 만남을 만들어갈지 어른들의 응원이 필요합니다.

5·6학년군의 어린이들은 이제 사춘기로 접어들고, 상대편에 대한 호기심이 부쩍 왕성해질 때일 것입니다. 우리 동화도 근래 들어 이 또래 아이들의 '사랑'을 담아내려고 노력하고 있으며, 또 좋은 작품이 많

이 나오기도 했습니다. 이 작품은 특별하게도 제목에서 알 수 있듯 남학생이 주인공입니다. 남자아이들의 입장에서 처음 찾아든 사랑을 경험하고 있습니다. 어떤 모습일지 여러 다양한 작품들을 통해 말 그대로 다양함을 보여주는 것도 한 방편일 것입니다.

이 작품은 여동생과 친구들 사이의 미묘한 감정 선을 그리고 있습니다. 남자아이들의 허세와 본모습이 대비되어 유머러스하게 그려지고 있습니다. 이런 작품들 가운데 남자아이의 관점에서 본 드문 작품이기도 합니다. [사춘기, 이성 친구]

● 수업

읽기전활동

여러분은 동생이나 형, 언니, 오빠가 있나요? [이야기하기]

–

어때, 사이가 좋아요?

–

동생이나 오빠 때문에 생긴 재미있는 일은 없었나요? [이야기하기]

–

오늘은 동생에 관한 이야기를 한 편 들려줄게요. 제목은 '대장마마'네요.

읽는중활동

141쪽 16줄 "여자야?"

아이들은 어떤 느낌일까요? [이야기하기]

–

145쪽 9줄 "모두들 미래 말이라면 팥으로 메주를 쑨대도 믿었다."

미래는 어떤 아이인가요? 앞으로 이야기는 어떻게 될까요? [추리하기]

–

146쪽 6줄 "남자들 등짝을 펑펑 때리는 일이라면 하루에 열두 번도 더 있지만."

미래가 우는 것 같네요. 그럼 아이들은 어떻게 할까요? [추리하기]

–

148쪽 3줄 "나도 맞아 맞아 하면서 속으로는 미래한테 '미안' 하고 사과를 했다."

왜 이러는 걸까요?

–

151쪽 8줄 "그런데 미래에게만은 초콜릿을 주고 싶은 마음이 솔솔 피어올랐다."

여러분도 이런 적이 있나요? 평소 생각과는 달리 선택을 하게 되는 경우 말이에요. 어떤 때 그랬나요? [이야기하기]

–

151쪽 끝줄 "야, 미래야, 어떤 오빠 또 왔는데?"

왜 또 왔는데라고 했을까요? 누가 또 다녀간 걸까요? [내용의 이해]

–

156쪽 2줄 "안녕하세요, 미래 어머니?"

민우는 왜 이렇게 인사했을까요? 원래는 어떻게 인사를 했어야 할까요?

–

읽은 후 활동

재미있었나요?

–

이 작품의 재미는 어떤 재미인가요? [문학]

–

여러분도 누군가를 좋아해본 적이 있나요?

–

그 누군가가 어떤 사람이면 좋겠어요? 미래처럼 씩씩하고 예쁜? 우리 한번 '내가 좋아하는 아이'라는 제목으로 글을 한 편 써볼까요? [쓰기, 문학]

정말 좋아하는 사람이 있으면 '내가 이 아이를 좋아하는 까닭'을 쓰면 되고, 없는 사람은 '나는 이런 아이가 좋아요'라는 내용으로 쓰면 된답니다.

● 수업의 주안점

이 작품 속의 남자아이들은 '남자다움'에 대한 생각과 그래도 어쩔 수 없이 피어오르는 '속마음' 사이에서 갈등하는 인물들입니다. 그러니 자연 드러나는 말이나 행동과 속마음이 서로 다릅니다. 그러나 어쩔 수 없이 마음의 길이 행동으로 드러나기 마련이겠지요. 어쩌면 그래서 여전히 요만한 아이들이 귀엽지 않을까요? 그러니 활동 역시 행동의 이면에 놓인 마음, 곧 심리를 파악하는 질문이 많습니다. 그리고 작품이 유머러스한 만큼 재미와 재미의 이유를 찾아보는 활동도 적합할 듯합니다.

10

「청소녀 백과사전」, 『청소녀 백과사전』

(김옥 동화집), 낮은산, 2006.

● 수업에 앞서

작은 물건을 하나 살 때에도 우리는 늘 비교하며 선택합니다. 하물며 마음을 줘야 하는 남자 친구나 여자 친구를 사귈 때에도 당연 비교해야 합니다. 그리고 비교를 하려면 기준을 세워야 합니다. 자신만의 관점을 세워야만 경중을 따져 비교할 수 있게 되겠죠. 어쩌면 그 관점이 주관적일 수밖에 없겠지만 그래도 누구나 다 좋아하는 사람이 아닌, 나만이 좋아하는 사람을 선택할 수 있게 하면 어떨까요? 겉모습만 쫓는 것이 아니라, 품격을 느낄 수 있게 하는 상대편을 고를 수만 있다면. 나만의 개성, 나만의 취향, 나만의 마음 등등이 필요한 시대가 아닐지요. **[사춘기, 이성 친구]**

● 수업

읽기전활동

여러분은 몇 살인가요?

– 열세 살, 열두 살

열세 살은 열두 살과 무엇이 다른가요? [이야기하기]

–

영어로 13은? thirteen이라고 해요. 그러니까 열세 살, 끝에 teen으로 끝나죠. 그래서 이때부터 teen age라고 부른답니다. 19살 nineteen까지. 그러니까 이젠 정말 청소년이 된 거예요. 아직 성인은 아니지만. 이 틴에이저인 우리의 최대의 관심사는 뭔가요? [이야기하기]

– 공부, 친구….

사랑은 어때요?

–

오늘은 열세 살이 된 한 여자아이의 이야기를 들려줄게요. 어떤 생각을 하고, 무슨 고민을 하는지 들어보도록 해요. 나랑 무엇이 비슷한지 또 무엇이 서로 다른지 생각하며 들어보도록 해요.

읽는중활동

106쪽 "그런 그 애의 모든 것이 좋다."

여기 두 남자 친구가 나오네요.

서로 비교해볼까요? 애리가 좋아하는 친구는 성주네요.

성주는 어떤 아이인가요? [내용의 이해]

– ‘힘이 세다’, ‘남자답다’, ‘용기가 있다’, ‘인기가 많다’

‘그 애’는? [내용의 이해]

– ‘부드럽다’, ‘조용하다’, ‘책을 읽는다’

여러분은 어떤 남자애, 어떤 여자애가 좋아요? 세 가지만 써봅시다. [이야기하기]

–

108쪽 6줄 ‘통과의례’란 무슨 말인가요? [낱말의 이해]

–

108쪽 경은이는 왜 귀를 뚫기로 했나요?

–

115쪽 애리가 원하는 정답은 무엇일까요? 그 정답에 맞게 문자메시지를 적어봅시다. [추리하기]

–

116쪽 경은이는 이렇게 보냈네요.

“혹시 애리 너 주려고? 으악! 부럽당. 아까 학교에서부터 너를 바라보는 눈빛이 심상치 않더라.”

“성주 좀 봐. 엄청나게 큰 젓가락 과자를 가지고 왔어. 누구를 주려는 걸까?”

성주는 젓가락 과자를 누구에게 줄까요? [추리하기]

–

“밀어 넣었다.”

자, 이제 이야기는 어떻게 될까요?

–

124쪽 "누군가가 성주가 준 젓가락 과자와 애리 중에 누구를 택할 거냐고 물으면."

여러분은 누구를 택할 것 같아요? [주장하기]

–

주인공은?

–

"그러자 가슴 가득 무언가가 차오르더니 흘러넘치기 시작했다."

무엇이 차올라 흘러넘치는 걸까요? [문학]

–

읽은 후 활동

끝이네요. 어때요? 재미있었어요?

–

뭐가 재미있었어요? [문학]

–

작품은 어땠어요? 평가를 한번 해볼까요? [주장하기]

별 다섯 개 중 몇 개? 그 까닭은? 자, 포스트잇에 별 그리고 이유 써요.

–

그리고 이 작품을 읽었으니 어떤 활동을 해볼까요?

경은이가 영우에게 썼듯 내가 마음에 둔 친구에게 편지를 써볼까요?

이른바 연애편지? [쓰기, 문학]

—

또 어떤 활동을 해볼까요?

● **수업의 주안점**

좋은 작품이라면 당연히 작품을 읽기 전과 읽은 후 우리는 조금은 달라져 있어야만 합니다. 물론 책 한 권 읽는다고 삶이 확 달라지지는 않을 것입니다. 그렇지만 조금, 아주 조금 달라지게 만듭니다. 어쩌면 사람들 사이의 차이는 이 작은 차이 때문에 바로 이 사람이 되는 것이기도 하지 않을까요. 그렇다면 문학의 역할은 정말 오롯하니 소중한 것일 터입니다.

이 작품도 좋은 작품이라면 다르지 않을 것입니다. 이 작품은 '어떤 사람이 귀한 사람일까?' 하고 우리에게 묻고 있습니다. 너무 단순한 이분법으로 나누고 있어 조금 불편할는지도 모릅니다. 그렇지만 어쩌면 더 단순화시켜 더 잘 볼 수 있게 해주는 것도 문학의 힘이기도 합니다.

이 작품의 읽어주기에서는 주로 비교를 많이 하였습니다. 나라면 어떻게 했을까 하는 추체험도 중요한 활동입니다. 궁극적으로 나는 어떤 아이를 좋아하는 어떤 아이인지를 생각해볼 수 있었으면 합니다.

● **수업의 실제**

〈요즘 우리 반 교실 분위기〉

2학기 들어와서 남학생 3명이 다른 반 여학생과 커플이 되었답니다. 3

명을 제외한 나머지 남학생들이 커플 타도를 외치는 '죽창클럽'(커플이 꼴 보기 싫어 대나무를 꺾어 폭동을 일으키겠다는 뜻)을 결성하고 커플인 남학생을 놀려댔습니다. 놀림을 당하는 아이들은 전혀 개의치 않고 그 분위기를 즐겼습니다.

커플이라는 아이들도 사귀기 전이나 사귀는 중이나 혹은 헤어진 후에도 평소와 다름없이 웃고 장난치고 잘 놉니다.

그러던 어느 날 죽창클럽 리더가 옆 반 여학생과 새로 커플이 되었습니다. (책 읽어주는 날 아침에) 죽창클럽 아이들이 흥분하여 각서를 만들어 혈서(?)를 받고 리더를 탈퇴시킨 후 2대 리더를 임명하였습니다.

읽기전활동

교사: 여러분은 몇 살인가요?

– 열세 살요.

– 선생님보다 젊어요~.

교사: 열세 살은 열두 살과 뭐가 다른가요?

– 열세 살은 만 열두 살이고 열두 살은 만 열한 살이죠.

– 우우~~ 미안하다, 열한 살이라서(생일 아직 안 지났음)

교사: 영어로 13은 thirteen이라고 해요. 그러니까 열세 살, 끝에 teen으로 끝나죠. 그래서 이때부터 teen age라고 한답니다. 19살 nineteen까지.

그러니까 이젠 정말 청소년이 된 거예요. 아직 성인은 아니지만. 이 틴에이저인 우리의 최대의 관심사는 뭔가요?

– 세븐틴, 비투비, 아이오아이

– 공부

– 우우~~~ 공부라니….

– 나의 미래 직업요~.

– 게임

– 학교 안 가는 거요.

교사: 사랑은 어때요?

– 에? 사랑요??

– 아아아아~~~ 선생님 왜 그래요~~~.

교사: 오늘은 열세 살이 된 한 여자아이의 이야기를 들려줄게요. 어떤 생각을 하고, 무슨 고민을 하는지 들어보도록 해요.

읽는 중 활동

▶ *106쪽 "내 나이로 올해 열세 살, 먹을 만큼 먹었다."*

– 먹을 만큼 먹었대.

– 선생님 목소리를 열세 살에 맞춰주세요.

– 아냐… 체격은(?) 목소리를 못 속여….

▶ *"이건 비밀인데 내게도 좋아하는 친구가 생긴 것이다."*

– 우워어~~~.

– "눈물이 차올라서 고개 들어~ 흐르지 못하게 또 살짝 웃어~."(아이유의 노래 「좋은 날」을 부름)

▶ *"그런 그 애의 모든 것이 좋다."*

교사: 여기 두 남자 친구가 나오네요.

서로 비교해볼까요? 애리가 좋아하는 친구는 성주네요.

성주는?

– 성주 사과요?

– 성주는 참외야, 바보야.

– 강한 애에게는 강하고 약한 애에게는 더 강한 아이요.

교사: '그 애'는?

– '부드럽다', '조용하다', '책을 읽는다'

– 우리 반 ◇◇이 같은 아이인가 봐요?

– 야, ◇◇이는 책은 안 읽어.

– 그럼 ◇◇이랑 ☆☆이랑 섞인 캐릭터인가.

교사: 여러분은 어떤 남자애, 어떤 여자애가 좋아요? 세 가지만 써봅시다.

– (여) 잘생겼고 잘생기고 잘생긴 아이요.

– (남) 때리지 않는 아이요.

– (여) 귀여운 아이요.

– (남) 착하고 예쁘고 잘 웃는 아이요.

– (여) 연상연하동갑 다 좋고 연상, 연하는 존댓말하다가 반말이 훅 들어오면 좋겠다. 동갑은 장난치다가 갑자기 진지하면 좋겠다. 나이는 두 살 터울 정도에 잘생김과 귀여움 추가하고 내 말 잘 들어주는 남자.

– (여) 키 작고 나이 안 먹는 남자… 짱구?

– (여) 키 크고 잘생기고 운동 잘하는 남자.

– (여) 힘들 때 내 곁에 있어주고 슬플 때같이 슬퍼해주고 날 버리지 않는 친구.

– (남) 인공지능… 제 여자 친구는 AI.

– (여) 웃기고 허세 가오 안 잡고 손 크고 키는 나보다 8센티 정도 크고 어깨 넓고 오똑한 코에 속쌍 있고 옷 잘 입고 문신 술 담배 안 하고 잘 웃고 매너 있고 이가 하얗고 나에 대해 잘 알고 주변에 여자 없고 욕 심한 거 쓰지 않고 연락 매일 귀찮을 정도로 하고 애기같이 귀엽고 잘 안아주는 사람, 인형 잘 뽑는 사람.

교사: *6줄 108쪽* '통과의례'란 무슨 말인가요?

– 할례 같은 거요?

– 고래 잡는 거 말하는 건가요?(키득키득)

– 어른이 되기 위해서 꼭 해야 되는 거요?

교사: *108쪽* 경은이는 왜 귀를 뚫기로 했나요?

– 용기를 가지려고요.

▶ *112쪽 귀걸이의 뾰족한 부분이 내 귓불을 뚫고 들어올 때는 너무나 아파서 나도 모르게 그만 비명을 질렀다.*

– '아프면 말하세요~./아얏 아파요./참으세요.' 꼭 이래요

▶ *114쪽 애리 귀에 대고 비밀을 말하는 것은 학교 방송실 마이크에 대고 말하는 것과 같기 때문이다.*

– 우리 반 OO이랑 똑같네요.

교사: *115쪽* 애리가 원하는 정답은 무엇일까요? 그 정답에 맞게 문

자메시지를 적어봅시다.

– (남) 우리 반 모두에게 주려고 그러는 거 아닐까?

– (남) 그냥 아무 생각 말고 자. 누군가에게 주겠지.

– (남) 엄마 줄 거야.

– (여) 너한테 주려는 거 아닐까?

(여학생들은 대부분 애리가 원하는 정답을 골랐지만 남학생들은 아무도 애리가 원하는 말을 해주지 않았습니다. 정말 모르는 걸까요? 알아도 해주기 싫은 걸까요?)

교사: *116쪽* 경은이는 이렇게 보냈네요.

▶ *"혹시 애리 너 주려고? 으악! 부럽당. 아까 학교에서부터 너를 바라보는 눈빛이 심상치 않더라."*

▶ *118쪽 "야, 그런데 성주가 언제부터 나를 좋아한 것일까?"*

– 아유~ 얘 또 시작이다. 이런 친구 별로예요.

▶ *"성주 좀 봐. 엄청나게 큰 젓가락 과자를 가지고 왔어. 누구를 주려는 걸까?"*

교사: 성주는 젓가락 과자를 누구에게 줄까요?

– 악, 내가 상상하는 거, 그거 아니겠죠? 설마? 설마?

– 경은이 각이다, 이거.

– 꺄~~~~~~~~~~~~~~~~~~~~~~~. 맞췄어. 소름~.

▶ *121쪽 "나는 허겁지겁 젓가락 과자를 의자 아래로 밀어 넣었다."*

교사: 자, 이제 이야기는 어떻게 될까요?

– 친구랑 어색해져요

– 받은 빼빼로를 선생님께 드리면 어떨까요?

– 야, 김영란법에 걸리잖아.

▶ *124쪽 누군가가 성주가 준 젓가락 과자와 애리 중에 누구를 택할 거냐고 물으면 선택하기 힘들 것 같다.*

교사: 여러분은 누구를 택할 것 같아요?

– 성주에게 받은 과자를 애리한테 주면 안 되나요?

– 사랑과 우정이냐 그것이 문제로다.

– 저는 사랑요.

– 저는 우정요.

– 저는… 과자요. 빼빼로 데이가 좋은 점은… 빼빼로를 할인 판매하기 때문이에요.

– 과자를 먹고 성주를 차고 애리랑 친하게 지내요.

– 단순히 사랑이냐 우정이냐 문제가 아니라 그 사람이 어떤 사람이냐가 중요한 게 아닐까요?

– 이상형으로 꼽은 남자면… 사랑요.

▶ *125쪽 다행히도 4교시가 끝났을 때 애리는 마음이 많이 풀린 모양이었다. 내가 웃어주자 애리도 함께 웃었다.*

– 우아, 저런 친구가 진짜 친구다.

– 야, 애리가 자꾸 문자 보낸다고 짜증 나는 친구라며?

– 진짜 친구 맞네.

▶ *126쪽 "웃었어 나를 보고." 순간 잊었던 등불이 켜지듯 내 마음이 환하게 밝아지는 것 같았다.*

– 어머 심쿵해~.(노래를 부름)

– 그 애는 누구예요?

– 아직 그 애 이름 안 나왔어.

▶ *128쪽 아직도 분이 남아 있던 성주가 지나가는 애리 발을 걸어 넘어뜨린 것이다.*

– 우아, 인성이!!!

– 우아~~~ 짜증 나는.

▶ *129쪽 성주가 째려보았지만 그 애는 묵묵히 자기 일만 했다. 그러자 애리가 비로소 울음을 멈췄다.*

– 삼각관계가 아니라 사각관계였어!

– 애리가 또 그 애를 좋아하겠지?

▶ *129쪽 그러자 가슴 가득 무언가가 차오르더니 흘러넘치기 시작했다.*

교사: 뭐가 차올라 흘러넘치는 걸까요?

– 성주 명존세(명치를 아주 세게 때리고 싶다는 뜻의 은어) 하고 싶다고 생각했을 것 같아요.

▶ *131쪽 "아무래도 영우도 나를 좋아하는 것 같아. 아휴, 재는 또 도대체 언제부터 나를 좋아했던 거야?"*

– 아악!!!!!

– 애리야, 넌 다 좋은데 그것 좀 고쳐!!!

– 애리 또 상처받는다, 어떻게 해.

읽은 후 활동

교사: 끝이네요. 어때요? 재미있었어요?

– 재미있다기보다는… 음….

– 흥미진진했어요.

교사: 뭐가 재미있었어요?

– 삼각관계 내용이 재미있어요.

– 아니지, 사각관계야.

– 성주가 갑자기 표정이 변하고 애리를 괴롭혔을 때 정이 뚝 떨어졌어요. 그렇지만 그래서 더 재미있었어요.

교사: 작품은 어땠어요? 평가를 한번 해볼까요? 별 점을 준다면?

– 나는 착하니까 반개만 줄 거예요. 솔로라서 기분 나쁘지만.

– 나도 그래서 5개 중에 반개 뺐어요. 4개 반.

교사: 별 5개 중 몇 개? 그 까닭은? 자, 포스트잇에 별 그리고 이유 써요.

(평점 평균이 4.09였습니다. 아래는 이유)

– 별 4개. 막장드라마 같은 치열한 내용이 내 마음을 울렸다. 하지만 그 애 얼굴은 잘생겼는지 확인해보고 싶다.

– 별 4개. 나는 솔로인데 커플 이야기라서 기분이 안 좋아져서 별 한 개 뺌.

– 별 1개. 내용은 별로인데 흥미진진해서.

– 별 4개. 반 친구와 돕는 내용이 잘 나타나서.

– 별 5개. 완전 스릴 있어서.

교사: 그리고 이 작품을 읽었으니 어떤 활동을 해볼까요? '나는 이런 청소년이랑, 혹은 이런 청소녀랑 사귀고 싶어요.'를 써볼까요?

– 나를 좋아해주는 사람이면 좋겠다.

– 안 때리고 세븐틴처럼 착하면 좋겠어요. 그리고 안 이상하면 좋겠어요.

– 잘생기고 다정한 사람이면 좋겠어요.

– 나라서… 나라서 커플이 안 됩니다, 흑흑흑.

* 에필로그: 다음에 일어날 일을 대략 맞추었다는 점에서 상투적인 이야기라고 볼 수 있겠지만 아이들이 자기 자신에게도 일어날 수 있는 일이라 생각하여 설레고 공감하며 집중한 것 같습니다. 그래서인지 책 읽는 도중 끼어들어서 제각각 자기 의견을 말하고 또 끼어들어 답하는 바람에 시간이 오래 걸렸습니다. 우정이냐 사랑이냐는 질문에 단순히 우정과 사랑을 선택하는 문제가 아니라 그 사람이 어떤 사람인지를 생각해봐야 한다는 답을 찾아낸 아이들을 보니 앞으로도 어떤 인생의 문제 앞에서도 슬기롭게 잘 헤쳐나갈 것 같다는 생각이 들었습니다.

11

『빼떼기』

(권정생 글/김환영 그림), 창비, 2017.

● 수업에 앞서

『빼떼기』는 권정생 선생이 글을 쓰고 김

환영이 그림을 그린 그림책입니다. 세로가 높은 다소 큰 그림책입니다. '빼떼기'라는 병아리와 그를 돌보는 가족을 동시에 담아내고자 구안된 판형입니다. 굵고 활달한 선으로 배경을 지운 채 형태에 집중하게 하는 그림입니다. 뚜렷한 색감, 터치가 잘 살아나는 질감 등으로 역동적인 움직임 역시 잘 표현하고 있습니다. 권정생 선생의 글 또한 보잘것없는 불에 그을린 병아리를 돌보는 귀한 마음과 어쩔 수 없이 죽이고야 마는 안타깝고 애틋한 마음이 잘 드러나 있습니다. 무릇 생명이란 어느 것 하나 귀하지 않은 것이 없으며, 살아 있는 그 자체만으로도 충분히 장하고 의젓한 것임을 말하고 있습니다. 더욱이 먼 배경으로 존재하는 전쟁이 가엾은 생명조차 거두어 감을 이야기하고 있습니다. 평화에 대한 염원과 살아 있음의 소중함이란 선생의 뜻이 잘 담긴 작품이며, 이를 깊고 곡진하게 김환영은 그림으로 표현하고 있는 좋은 그림책입니다. [생명, 그림책]

● 수업

읽기전활동

6월이네요.

6월은 기념할 만한 일이 어떤 일이 있나요?

– 현충일, 6.25

그래요. 현충일도 있고, 또 무엇보다 6·25, 그러니 한국전쟁이 일어난 때네요. 비극적인 일이었지요. 지금도 우리나라는 휴전 중이라고 해요. 전쟁이 아주 끝난 것이 아니라 잠시 서로 멈추고 있는 것이라는 셈이지요. 그렇다고 너무 염려할 일은 아닙니다. 어른들이 다시는 그런 일이 일어나지 않도록 노력하고 있으니까요. 그래도 우리나라가 유일한 분단국가, 그러니 나라가 두 쪽으로 나뉜 나라란 점은 늘 잊어서는 안 될 거예요. 반쪽 나라에 사는 사람들은 어느 누구도 온전한 삶을 살기 어렵거든요. 그러니 한시 바삐 통일이 되었으면 하는 마음을 잃지 말아야 한답니다.

그래서 오늘은 전쟁과 관련된 그림책을 함께 읽을 거예요. 어떻게 관련이 있을까 생각해보고. 자 준비.

그림책, 오랜만이죠? 고학년이 무슨 그림책이냐고요? 좋은 그림책이라면 학년이 상관없답니다. 느끼고 생각할 거리가 많으면 고학년에게도 맞는 그림책이 많아요.

그림책 보는 방법 생각하면서 차근차근 읽어갑시다.

자, 먼저 표지부터. 그게 첫 번째 순서죠?

표지 그림을 보니 주인공은 누구인가요? [내용의 이해]

– 닭, 병아리

그래요. 암탉과 병아리 두 마리가 옆모습을 보이고 있네요. '궁금하면 책을 펼쳐봐.'라고 말하기라도 하는 듯 오른쪽을 보고 있네요.

제목은 무엇인가요?

– 빼떼기

다 같이 큰 소리로.

– 빼떼기

그래요, 제목이 '빼떼기'네요. 그런데 '빼떼끼'는 뭐죠? [낱말과 문장]

– 주인공 별명? 주인공 이름?

주인공 이름이나 별명이라고? 그래, 그런데 뜻은 뭐예요? 잘 모를 거예요. 사전을 찾아보면 "고구마를 얇게 썰어서 살짝 찐 다음 볕에 말려놓은 것"이라고 하네요. 옛날 우리 어른들이 간식처럼 먹던 거예요. 고구마를 삶아서 조각을 내고는 그걸 말려요. 그럼 딱딱해지면 먹는 거예요. 그런데 말랑말랑한 삶은 고구마를 말렸으니 비틀어졌겠지요. 말라비틀어진 고구마, 그게 빼떼기예요. 먹어보면? 심심하지만 고소해요. 언제 제주도 갔더니 요즘도 빼떼기로 죽을 끓여 팔기도 하더라고요.

그럼 이 이야기를 만든 사람은 누구인가요?

– 권정생

그래요. 권정생 선생님이네요. 아는 사람 있어요?

–

그래, 그래. 한 번쯤은 들어본 이름이죠? 권정생 선생님은 지금은 돌아가셨어요. 어린이를 위해 많은 작품을, 좋은 작품을 쓴 작가랍니다. 「강아지똥」, 『몽실 언니』 같은 훌륭한 작품을 쓰신 분이지요. 권정생 선생님에 대해서는 좀 더 조사해 오도록 해요. 어떤 분인지, 어떤 작품을 썼는지. 그리고 그분이 쓴 작품 가운데 하나를 골라서 읽어 와요. 꼭. 독후감은 안 써도 좋아요.

그리고 그림책에는 그림을 그린 그림작가도 중요하죠. 그럼 이제 그림을 그린 그림작가는 누구인가요?

–

그래요. 김환영 아저씨는 개성이 뚜렷한 그림책 작가이자 시인이기도 해요. 그린 책으로는『마당을 나온 암탉』,『나비를 잡는 아버지』 등이 있어요.『깜장꽃』이란 동시집도 있어요. 언제 다시 이 아저씨 그림책을 읽을 수 있는 기회가 있을 거예요.

자, 이제 다시 그림책으로 돌아올까요?

그럼 제목과 주인공들을 연결시켜서 어떤 얘기가 펼쳐질까 생각해볼까요?

어떤 얘기일 것 같아요? [이야기하기]

–

그래요, 정말 어떤 얘긴지 자신이 생각하는 얘기와 비교하면서 들어봐요.

책을 펼치면 면지가 나와요. 알죠? 면지는 뭘 그린 것 같아요? 추측해볼까요?

–

그래요. 선생님이 보기에는 막 부화하는 병아리들 같아요? 병아리가 주인공이거든요? 그렇게 보여요?

자, 이야기는 시작됩니다.

(본문)

1948년의 이야기라고 하네요. 빼떼기에 관한. 1년 남짓 살다가 죽은 이야기라는군요.

1948년이면 지금부터 얼마나 오래된 이야기인가요? 70년도 더 지난 일이네요. 아빠의 아빠가 살았던 때예요.

(속표지)

어 그런데, 이야기가 시작되었는데, 또 속표지가 나오네요. 이걸 속표지라고 해요. 왜 그럴까요?

이야기 속에 이야기가 있기 때문이에요. 앞의 이야기는 현재, 진짜 이야기는 옛날. 그래서 속표지 앞에는 지금의 이야기를, 속표지 다음부터는 옛날로 거슬러간 이야기를 하는 거예요.

속표지를 볼까요?

제목이 있고, 민들레가 있고. 이 짐승은 무엇인가요?

– 병아리

그런데 왜 병아리가 어떤가요?

–

새까맣죠? 노랗지 않고? 그리고 또 흰 옷은 뭐래요? 꽁지도 이상하고. 어떻게 된 일일까요?

이제 정말 이야기 속의 이야기를 들어봐요.

읽는중활동

*2*쪽 주인공은 누구예요? 뭘 사 왔죠?

식구는 몇이에요? 무얼 했죠? [내용의 이해]

–

그래요. 순진이 아버지가 암탉을 사와서 닭장을 지었네요. 옛날 이야기라 모르는 말이 많지요. 삼대, 수수깡, 애벌 지붕, 짚, 이엉 등등. 모르는 낱말을 공책에 적어볼까요?

—

5쪽 그림을 보죠? 이름을 한번 맞혀볼까요?

이 까까머리 아이는 누구죠? 아이가 안고 있는 암탉은? 이 단발머리 여자아이는? 이 노란 암탉은? 이제 막 암탉의 입으로 들어가는 개구리는?

—

10쪽 "깜둥이가 둥우리에서 내려오지 않고 그냥 엎드려 앉아 있었다."

왜 내려오지 않고 엎드려 앉아 있을까요?

—

14쪽 "새끼를 불렀다."

무슨 일이 일어났나요? [내용의 이해]

어떻게 되었을까요? [예측하기]

—

19쪽 "병아리는 주둥이를 대고 물을 먹었다."

어머니는 어떤 사람일 것 같은가요? [문학]

—

22쪽 깜둥이는 왜 이렇게 크게 그렸을까요? [추리하기]

—

24쪽 '빼떼기'는 그러니까 병아리 이름이네요. 왜 '빼떼기'로 지었다고요? [내용의 이해]

— 빼딱빼딱 걸어서

26쪽 5줄 "이젠 빼떼기의 진짜 엄마는"

누굴까요?

–

32쪽 5줄 "하나같이 빼떼기를 찾았다."

왜 그랬을까요? 식구들은 마음은 어떨까요?

–

36쪽 1줄 "가엾으면서도 장하게 느낄 것이다."

가엾은 것은 까닭을 알겠죠? 장하게 느끼는 것은 왜 일까요?

[추리하기]

– 살아남은 것은 장한 일이다.

42쪽 12줄 "빼떼기는 사람으로 치면" 뭘까요?

– 늦둥이

46쪽 "사람처럼 똑같이 훌륭하다고 칭찬받아야 할 일이었어."

여러분도 이렇게 생각하나요? 빼떼기가 훌륭하고, 그러니 칭찬받아야 할 일 맞나요? [주장하기]

–

54쪽 "아무것도 모르는 빼떼기는 눈만 똘방똘방 뜨고 보고 있었다."

식구들은 빼떼기를 어떻게 했을까요?

(tip! 오래, 길게 논의한다.)

–

54쪽 끝줄 "빼떼기도 우리가 잡아먹자."

어때? 아버지는 뭐라고 그랬나요?

–

읽은 후 활동

어땠나요? 재미있었나요? 감동적이었나요?

아버지는 왜 이렇게 결정했을까요? [내용의 이해, 내용의 추리]

– (오래, 길게 대화)

아버지가 이렇게 결정한 가장 중요한 까닭은 무엇인가요? [내용의 이해]

–

여러분이라면 어떻게 했을까요? [문학]

– (오래, 길게 대화)

이 작품의 주제는 무엇일까요? [핵심의 이해]

–

작품을 읽은 후의 생각과 느낌을 써볼까요? [쓰기]

– (활동: 발표)

● 수업의 주안점

그림책입니다. 고학년에게 그림책은 잘 맞지 않은 것 아닌지 우려를 가질 수 있습니다. 그러나 중요한 것은 그림책이든 무엇이든 담고 있는 내용이지 책의 형식은 아닐 것입니다. 더욱이 우리 그림책 가운데에는 고학년들에게도 충분히 감동과 즐거움을 건네는 작품이 많이 있습니다. 그림책은 짧은 이야기 속에 강력하게 의미를 전달하는 효과적인 장르이기에 수업의 자료로 더할 나위 없이 유용합니다. 고학년들이라고 해서 예외는 아니겠지요.

이 수업의 초점은 전반적으로 〈읽은 후 활동〉에 있습니다. 마지막 결말에 의미가 집중적으로 제시되기 때문입니다. '아버지의 결정'을 충분히 이해해야만 합니다. 그럴 수밖에 없는 이유를 풍부하게 찾아야 합니다. 그리고 평가해야 할 것입니다. 그 결정이 가장 나은 결정인지를 논의해야 할 것입니다. 그러니 토의 수업의 의제로 아주 적합한 작품입니다. 또 만일 우리 모두가 그 상황 속의 아버지라면 어떤 선택을 했을지도 생각해보아야 합니다. 물론 어떤 결정이든지 존중받아야 할 것입니다. 다양한 결정들이 뚜렷한 근거와 함께 제시되는 수업이 기다려집니다. 그리고 주제의 측면에서 평화라는 화두와 연결하는 것도 도입의 동기유발에서 말한 전쟁과 연결시켜 살펴보는 것도 꼭 필요한 활동입니다. 그리고 감동을 내면화하기 위해서는 쓰기도 할 수 있으면 해보면 좋겠습니다.

━ 12

「나의 사촌 세라」, 『나의 사촌 세라』

(김민령 동화집), 창비, 2012.

● 수업에 앞서

이 작품은 만난 적 없는 사촌이 사정이 생겨 갑작스럽게 함께 살게 된 이야기입니다. 정확하게는, 함께 살게 되었으나 무산되고 만 이야기입니다. 이 일은 가족들의 모습들을 환하게 비춰 보입니다. 익숙한 삶 속에서 새로운 이를 받아들이는 일이 그저 쉽지만은 않으니까요. 의외로 엄마보다 아이가 훨씬 더 품격 있는 대처를 하고 있는 것이 눈에 띕니다.

작품을 통해 우리는 이 낯선 상황에 어떻게 대처할 수 있을지 생각해볼 수 있을 것입니다. 한편으로 윤리적 선택임과 동시에 아주 구체적인 마음의 결을 드러내는 것이기도 합니다. 세상이 어떻게 달라져도 우리는 우리 아이들이 섬세하고 따뜻한 사람이 되기를 바랍니다. 어쩌면 아이들은 애초 그러한 존재들인지도 모르겠습니다. 세파에 시달린 어른들과는 달리. 선생님의 생각은 어떠신가요? [가족, 공감]

● 수업

읽기전활동

오늘 읽을 작품은 잘 모르는 사촌이랑 같이 살게 된 아이의 이야기예요. 여러분은 어떨 것 같아요? 그동안 만난 적도 없는 사촌이랑 갑자기 같이 살게 된다면? 어떤 불편한 점이 있을까요? 좋은 점은 또 무엇일까요? [이야기하기]

–

그 사촌은 돌보아줄 사람이 아무도 없어요. 그렇다면 받아들일 수 있을까요? 방도 같이 써야 해요. 없던 불편한 일이 마구 생길 거예요. 어쩌면 가장 친한 친구가 한 사람 생긴 것일 수도 있겠네요. 그렇다면 여러분은 어떻게 할 것 같나요? [이야기하기]

–

그래요. 정말 쉽지 않은 문제지요. 그렇다면 이 작품의 주인공은 어떻게 하나 잘 들어보도록 해요.

읽는 중 활동

74쪽 9줄 "그날 밤, 엄마는 끝내 안방에서 나오지 않았다."

자, 주인공은 어떤 상황인가요? [내용의 이해]

–

그럼 앞으로 이야기는 어떻게 진행될까요?

–

77쪽 9줄 "그런데…… 왜 그러고 있어?"

주인공은 어떻게 대답했을까요? [추리하기]

–

81쪽 14줄 "엄마 아빠는 그 애 때문에 고함을 지르며 참으로 열심히 싸웠다."

자, 여러분이라면 누구 편을 들까요? [주장하기]

–

85쪽 2줄 "아빠, 그 애 이름이 뭐야?"

주인공은 왜 그 애 이름을 물었을까요? [추리하기]

–

이름은 이 작품에서 어떤 의미를 갖고 있을까요?

이름이란 도대체 뭘까요? [문학]

–

읽은 후 활동

자, 다 읽었네요. 어땠어요? 재미있었어요? [문학]

–

작가는 무슨 말을 하고 싶은 걸까요? [내용의 이해]

–

어른들과 아이는 서로 다르죠. 어른들이 생각하는 것과 아이가 생각하는 것은 무엇이 어떻게 다른가요? [이야기하기]

–

여러분이라면 어떻게 했을까요? 세라처럼? 엄마처럼? 아빠처럼?

–

책을 읽은 느낌을 써보도록 해요. 조금 어려운 작품이니 그냥 짧게. [쓰기, 문학]

–

● **수업의 주안점**

문학은 상상의 결과물입니다. 작가가 상상한 것이지요. 그렇다고 허무맹랑한 이야기는 아닙니다. 어쩌면 더 잘 보고 느낄 수 있게 만들어낸 것이지요. 그러니 진실을 담고 있습니다. 문학이 '사실보다 진실에 더 가까운 거짓말'이라는 규정도 있습니다. 진실을 보여주기 위해 사실을 비틀어놓은 것이 문학작품입니다.

아주 독특한 상황이 펼쳐지고 있습니다. 그 속에서 엄마와 아빠, 아이는 서로 다른 반응을 보입니다. 인물의 말과 행동을 통해 마음속 생각을 미루어 짐작하는 활동이 중요할 것입니다. 그리고 현실 속의 '나'와 견주어보는 것도 필요할 것입니다. '나라면 어떻게 할까?' 주인공 아이는 조심스럽게 만반의 준비를 합니다. 그 아이의 처지와 마음을 깊이 들여다보고 있습니다. 이런 작품을 읽은 아이들은 읽지 않은 아이들과 결코 같지 않으리라 생각하는데, 선생님들 생각은 어떠한지요?

13

「마, 마미, 엄마」, 『블루시아의 가위바위보』

(안미란 외 인권동화집), 창비, 2004.

● 수업에 앞서

얼마 전 제주에 예멘 난민들이 많이 몰려와 쟁점이 되었던 적이 있습니다. 여전히 현재의 문제이기도 하고요. 어떠신지요? 인도적 차원에서 받아들이자니 예기치 않은 문제들이 함께 생겨날 듯싶기도 하고, 그렇다고 거부하자니 마음이 영 개운치 않은 것이 사실입니다. 이럴 때에는 감정적으로 대응할 것이 아니라 원칙을 하나하나 꼽으면서 논리적으로 대처해야 하는 것이 옳은 길 아닐런지요?

여기 이와 유사한 다문화가정에 관한 이야기가 있습니다. 난민과는 조금 결이 다르기는 하겠지만 그래도 타자를 어떻게 수용할 것인가

하는 점에서는 크게 다르지 않습니다. 우리 아이들이 살아야 하는 삶은 훨씬 더 다문화적인 상황에 가까울 듯싶은데요. 그렇다면 한 번쯤 그 문제를 툭 아이들 앞에 던져보는 것은 어떨지요? 어쩌면 현실적으로 우리 교실에도 그런 아이들이 있다면 훨씬 더 조심스러워야 하고, 훨씬 더 바른 관점을 지녀야 할 듯싶기도 합니다. 그래도 해봐야 하지 않을까요? 언제까지 피해 갈 수는 없을 것입니다. 미래를 살아야 하는 아이들이니까요. [다문화, 인권]

● 수업

읽기전활동

우리나라에 체류하고 있는 외국인의 숫자는 얼마나 될까요?

–

2016년 기준으로 체류 외국인이 200만 명이 넘는다고 해요. 우리네 인구의 4% 정도 되는 셈이지요. 일 때문에, 혹은 결혼을 하기 위해 우리나라로 온 사람들입니다.

더욱이 우리나라 국적을 취득한 사람도 적지 않답니다. 그렇지만 우리와 함께 살고 있는 이들에 대한 이해는 아주 부족하답니다.

주변에서 이주민들을 본 적이 있나요? [이야기하기]

–

어떤 생각이 드나요?

–

혹시 피부색이, 언어가 다르다고 마음속으로 차별한 적은 없나요?

[이야기하기]

–

제목을 읽어볼까요?

–

'마'는 베트남 남쪽 사람들이 엄마를 부를 때 쓰는 말이라고 해요. '마미'는 영어지요. 당연 '엄마'는 우리말이고요. 그러니까 다 똑같은 엄마라는 뜻이에요. 'ㅁ'은 어느 나라나 할 것 없어 입술을 붙였다 떼는 것만으로 소리가 나는 말이랍니다. 아기가 가장 먼저 할 수 있는 말이지요. 이에 비할 때 아빠의 'ㅂ'은 조금 더 힘을 주고 입술을 뗐다 붙여야 낼 수 있는 소리입니다.

그럼 제목을 이렇게 정한 까닭은 무엇일까요? [추리하기]

–

읽는 중 활동

119쪽 6줄 "세이 엄마는 한국 사람이었으니까 우리한테 글자를 가르쳐줄 수 있었는데……."

왜 엄마는 받아쓰기 문제를 불러주지 못할까요? [내용의 이해]

–

그럼 세이의 부모님과 우리 부모님은 각각 어느 나라 사람인가요? [내용의 이해]

– 세이 엄마(한국), 세이 아빠(파키스탄), 우리 아빠(한국), 우리 엄마(베트남)

119쪽 20줄 물고기는 '물꼬기', 불고기는 '불고기'로 읽어요. 왜 그럴

까요? [낱말의 이해]

(tip! 불고기는 불에 구운 고기란 뜻이에요. 따로따로 낱말이 모여 이루어졌어요. 그래서 불+고기랍니다. 반면 물고기는 고기의 종류입니다. 따로 떼어진 낱말이 아니라, 하나로 합해진 낱말입니다. 민물고기, 바닷고기, 물고기 모두 소리는 '꼬기'로 난답니다.)

–

*123쪽 3줄 '무르춤하였다.'*는 무슨 뜻일까요? [낱말의 이해]

아저씨는 어떤 사람인가요?

–

125쪽 1줄 '탕 응 옥.'

무슨 뜻일까요? '바보?'

–

128쪽 마지막 줄

세이 아빠의 마음은 어떨까요? [추리하기]

–

138쪽 '세이는 이제껏 참았던 울음을 터뜨렸다.'

지금까지 일어난 사건을 정리해볼까요? [내용의 이해]

–

지금 세이는 왜 울고 있을까요? [추리하기, 문학]

–

여러분도 이렇게 억울한 적 있었나요? [이야기하기]

–

140쪽 '사이드 알리 지나입니다.'

이름을 부른다는 것은 어떤 의미일까? [문학]

–

142쪽 14줄 '사람살이가 다 같은데 먹는 거라고 크게 다르려고, 조금 다르기야 하겠지만.'

사람은 다 같을까요, 다를까요? 다르면 어느 정도 다를까요? [주장하기]

(**tip!** 길게 토론)

–

읽은 후 활동

자, 작품을 다 읽었어요. 이 작품의 주제는 무엇일까요? [내용의 이해]

–

그럼 우리가 파키스탄과 베트남에 관해 이 작품에서 알게 된 새로운 것은 무엇인지 정리해볼까요?

- 파키스탄:
- 베트남:

우리 주변에도 이제 외국에서 온 사람들이 많습니다. 어떻게 보고, 대해야 할까요? 간단히 말해봅시다. [이야기하기]

–

다음 동시는 덤이에요. 선생님이 읽어볼게요.

달라서 좋은 내 짝꿍

신경림

내 짝꿍은 나와
피부 색깔이 다르다

나는 그의 커다란 눈이 좋다

내 짝꿍 엄마는 우리 엄마와
말소리가 다르다

나는 그 애 엄마 서투른 우리말이 좋다

내 외가는 서울이지만
내 짝꿍 외가는 먼 베트남이다

마당에서 남십자성이 보인다는

나는 그 애 외가가 부럽다

고기를 잘 잡는다는 그 애 외삼촌이 부럽고
놓아기른다는 물소가 부럽다

그애 이모는 우리 이모와

입은 옷이 다르다

나는 그애 이모의 하얀 아오자이가 좋다

—『근데 너 왜 울어?』(동시마중 동시선집), 상상의힘, 2011.

● 수업의 주안점

우리는 이민족의 경우라면 백인을 대할 때와 유색인종을 대할 때가 조금 다르다는 것을 종종 느끼고는 합니다. 그래서는 안 된다고 머리로는 생각하지만 어쩐지 조심스러워지는 것도 어찌할 수 없습니다. 아마 문화적인 풍토 속에서 의식적이든 무의식적이든 그릇된 이데올로기를 내면화한 결과일 것입니다. 그리고 그것이 현실적인 위력으로 작동하고 있습니다. 이 수업은 어쩌면 그것을 넘어서는 작은 디딤돌 같은 수업이어야 할 것입니다.

그리하여 우리 안에 내재한 편견을 가만히 응시하는 눈길이 필요합니다. 이 작품 속에도 편견이 곳곳에 포진하고 있습니다. 그 편견들이 어떻게 드러나는지 인물들을 통해 확인해 나갈 수 있도록 하는 활동이 필요할 것입니다. '세이'에게 충분히 공감하는 활동도 중요할 것입니다. '세이'의 자존감을 아이들이 응원할 수 있는 활동들이면 좋은 활동일 것입니다.

14

「잇자국」, 『우리 누나』

(오카 슈조 동화집), 웅진주니어, 2002.

● 수업에 앞서

앞의 작품 「마, 마미, 엄마」에 이어 계속 해서 우리는 차이와 차별에 관한 작품을 읽어나갈 것입니다. 누누이 말하듯 초등학교에서 아이들에게 꼭 가르쳐야 할 것이 있다면 그 첫째는 읽기와 쓰기이며, 두 번째는 사람은 모두 다르다는 것을 선명하게 인지하는 것이 아닐까 생각합니다. 우리네 아이들에게 장애 역시 틀린 것이 아닌, 다른 것임을 명료하게 깨닫게 해주어야 할 것입니다.

이 작품의 이야기꾼, 곧 서술자는 장애를 가진 아이가 아닌, 그 아이와 있었던 경험을 돌이켜 생각하는 한 아이입니다. 마음 아픈 이야기입니다만 어쩌면 그 아픈 마음에 충분히 공감하고, '그 아이가 나였으면' 어떨지 생각하는 것이 수업의 가장 주요한 초점일 것입니다. **[장애, 인권]**

● 수업

읽기전활동

장애인을 본 적이 있나요? **[이야기하기]**

–

장애인은 어떤 사람인가요?

–

장애인을 보면 어떤 생각이 드나요?

–

장애인을 어떻게 생각해야 할까요? [주장하기]

–

오늘은 장애를 다룬 작품을 읽어볼 것입니다. 어쩌면 우리 모두는 저마다의 장애를 지니고 있습니다. 신체적인 장애뿐만 아니라, 그런 몸의 상처, 마음의 상처를 지닌 사람과 어떻게 함께 어울려 살아가야 할까요? 그러기 위해서는 어떤 마음가짐이 필요할까요? 이야기를 들으며 잘 생각해보도록 합니다.

읽는 중 활동

33쪽 6줄 "우리도 쨍쨍한 햇볕을 받으며 뛰었다." [내용의 이해]

– 세 인물이 등장하네요. 시게루, 이치로, 그리고 나네요.

지금까지 읽은 부분을 바탕으로 세 사람의 성격을 살펴볼까요? [추리하기]

시게루는?

–

이치로는?

–

그리고 나는?

–

39쪽 1줄 "나는 내 얼굴이 붉어지는 것을 느꼈다."

'나'의 기분은 어떤가요? [추리하기]

–

45쪽 14줄 "나는 집에 돌아와서도 그 일에 대해 아무 말 하지 않았다."

왜 그랬을까요? [추리하기]

–

51쪽 5줄 "넌, 정말 안 당해서 다행이다."

엄마와 아줌마의 성격은 어떠한가요?

–

59쪽 14–15줄 "그리고 녀석은 '왕' 하고 울음을 터뜨렸다. 자기 가슴과 머리를 두 주먹으로 탁탁 때리면서, 누가 보든 말든 왕왕 울었다."

아이의 마음은 어떠한가요? [추리하기, 문학]

–

61쪽 5줄 "왜 그러지 못했는지. 왜 그럴 수 없었는지. 지금도 그 생각을 하면 나는 고통스럽다."

왜 그러지 못했을까요? 왜 그럴 수 없었을까요? [추리하기, 문학]

–

*61쪽 7줄 "그때, 하고 나는 생각한다. 그때 그 아이가 깨문 사람이 시계루가 아니라 나였다면, 하고."*에서 이렇게 생각하는 까닭은 무엇인가요? 시계루라면 무엇이 달라졌을까요? [문학]

–

읽은 후 활동

책을 읽은 느낌이 어떤가요? [문학]

–

조금 더 얘기해보기로 해요.

61쪽 5줄, "왜 그러지 못했는지. 왜 그럴 수 없었는지."

이것도 더 얘기해봐요. [추리하기, 문학]

–

61쪽 7줄 "그때, 하고 나는 생각한다. 그때 그 아이가 깨문 사람이 시계루가 아니라 나였다면, 하고. 내 마음에 그 아이의 잇자국이 선명하게 남았다."

왜 시계루가 아니라 나였다면 하고 생각할까요? [추리하기]

–

● **수업의 주안점**

장애는 당사자는 물론 주변 사람에게도 많은 신체적·정신적 고통을 안겨줍니다. 이 사회는 어쩔 수 없는 차이를 받아들이고, 차이에도 불구하고 구성원의 일원으로 더 많은 배려 속에 살아갈 수 있게 해야 합니다. 존재론적인 상처가 사회적인 것으로까지 확장되지 않도록 더 한층 엄격하게 대처해야 할 것입니다.

여기에는 '그 아이'와 함께 서술자를 포함하여 세 사람의 인물이 등장합니다. '나'는 그만 비겁한 선택을 하게 되고, 그것이 잊히지 않는 고통을 안겨주고 있습니다. 그 고통의 실체가 무엇인지 우리네 아이들과 함께 탐구하는 것이 이 작품을 읽은 우리가 나누어 가져야 할 것이 아닐는지요.

15

『처음 가진 열쇠』

(황선미 동화), 웅진주니어, 2006.

● **수업에 앞서**

황선미는 오래 남을 소중한 작가입니다. 그의 작품은 동시대를 살아가는 아이들의 모습을 담고 있는 작품뿐만 아니라 작가 자신의 어린 시절을 반추하여 쓴 작품들도 적지 않습니다. 누구나 작가는 자신의 이야기부터 시작하는 법이니까요.

이 작품은 작가의 어린 시절 이야기입니다. 그럼에도 보편적인 울림을 안겨주는 작품입니다. 쟁점은 '잘하는 일'과 '좋아하는 일' 사이의 선택입니다. 간명한 서사의 진행, 인물의 선택, 내면의 풍부한 묘사 등 교실에 끌어오기에 상대적으로 긴 작품입니다만 지루할 틈 없이 감상할 수 있는 작품입니다. **[미래, 정체성]**

● **수업**

읽기 전 활동

황선미는 동화를 잘 쓰는 작가 중의 한 사람입니다. 이 작가가 쓴 작품 읽어본 친구?

–

어떤 내용이었나요? [이야기하기]

–

작가 소개(대표작, 작품 경향 등)

–

읽는 중 활동

16쪽 끝

명자는 어떤 아이인가요? [내용의 이해]

– 가난하다. 생각이 많다. 폐결핵에 걸렸다.

25쪽 "그러다가 드디어 결심했다."

어떻게 하기로 결심했을까요? 육상부를 하기로 했을까요, 못 하겠다고 했을까요? 이유는 뭘까요? [추리하기]

–

37쪽 끝

엄마는 명자를 왜 때렸을까요?

–

엄마는 잔소리를 왜 뚝 멈추었나요?

–

엄마는 어떤 마음일까요? [추리하기]

–

우리도 이런 경험이 있는지 말해볼까요? 엄마가 나를 미워하는 것 같지만 마음속으로는 좋아한다는 걸 알 때. [이야기하기]

–

45쪽 1–7줄 "나는 언제나 억울하다……. 내가 일찍 죽는다면 그 이유는 분명히 억울해서일 것이다."

명자는 왜 억울한가요? [내용의 이해]

–

친구들도 억울한 적이 있었나요? 언제 가장 억울했나요? [이야기하기]

–

45쪽 13줄 "그런데 이상하게도 마음이 환해지는 느낌이었다."

명자는 왜 이런 느낌이 들었나요? [추리하기]

–

친구들도 이런 적이 있었나요? 억울한 일을 겪었는데 마음이 환해지는 느낌을 받았던 적 말이에요.

–

63쪽 5줄 "미안한 걸 도움으로 갚으려고 했으니까."

도영이는 어떤 아이인가요? 도영이의 성격. [추리하기]

– 여러 성격이 뒤섞여 있어요.

63쪽 6–7줄 "넌 왜 명지라고 쓰냐? 공책에도 책에도 다 그렇게 썼더라."

명자는 왜 이름을 은명지라고 썼을까요? [추리하기]

–

68쪽 8줄 "책을 읽으면서 행복해질 수 있다는 걸 나는 처음 깨달았다."

친구들도 이런 적이 있었나요? 있었다면 언제였나요? 무슨 책을 읽을 때였나요? 없었다면 왜 없었을까요? [이야기하기]

–

71쪽 끝줄

명자는 어떤 마음일까요?

(tip! 여긴 공감이 필요하니 그저 혼잣말하듯 질문 아닌 질문으로 넘어갈 것)

–

88쪽 2줄 "하지만 글씨가 눈에 들어오지 않았다."

명자 기분은 어떨까요?

–

89쪽 8줄 "바로 조오기인 걸요."

명자는 왜 이렇게 대답했을까요? [추리하기]

–

91쪽 끝 줄 "나는 더 이상 서럽지 않았다."

명자는 왜 서럽지 않았을까요? [주장하기]

–

여러분의 엄마는 정말 화가 나면 어떻게 하나요? 그럴 때 여러분은 어떤 마음인가요? 또 어떻게 엄마 마음을 풀어주나요? [이야기하기]

–

110쪽 끝

여러 친구들도 좋아하는 게 있나요? 어떤 게 가장 좋은가요?

–

명자는 *"정말 참을 수 없는 건 좋아하는 걸 못 하게 된다는 것"*이라고 말하고 있네요. 여러 친구들이 참을 수 없는 것은 무엇인가요? 다음 문장처럼 써봅시다. [쓰기]

"정말 참을 수 없는 건, 도저히 견딜 수 없는 건, (가난한 게) 아니다. (구박 받는 것)도 아니고, (힘든 것)도, (아픈 것)도 아니다. (좋아하는 걸 못 하게 된다는 것)이다. 내가 정말 (좋아하고), (하고 싶은) 것을."

– "정말 참을 수 없는 건, 도저히 견딜 수 없는 건, ( ) 아니다. ( )도 아니고, ( )도, ( )도 아니다. ( )이다. 내가 정말 ( ), ( ) 것을."

120쪽 끝

명자는 어떻게 했을까요? [추리하기]

–

읽은 후 활동

어땠나요? 재미있었나요? [이야기하기, 문학]

–

감동을 받았다면 무엇이 감동적이었나요? 이 작품을 읽고 느낀 감동이 있다면 써볼까요? 없다면 왜 감동을 받지 않았는지 써도 되겠지요? [쓰기]

–

이 작품에서 명자는 무엇과 무엇 중 하나를 선택해야 했나요? [내용

의 이해]

– 잘하는 것과 좋아하는 것

여러분은 무엇을 선택하고 싶나요? [주장하기]

잘하는 것도 좋아하는 것도 없는 우리는 지금 무엇을 어떻게 해야 좋아하는 것이나 잘하는 것을 찾을 수 있을까요? [주장하기]

● **수업의 주안점**

풍부한 서사의 진행과 함께 인물의 마음이 잘 표현된 작품입니다. 따라서 상황 속에서 인물의 마음을 추체험할 수 있는 질문들을 주로 하였습니다. 또한 주제를 확장하여 자신의 경험과 연결시켜보는 활동도 놓칠 수 없을 것입니다. 그리고 마지막에 토의 주제를 제시하였습니다. 6학년에게 꼭 필요한 논제이기에 한 번쯤 생각해보는 기회가 되면 좋을 듯합니다.

V

문학작품 읽어주기에서 문학토의로

국어를 가르치는 본질은 무엇일까요?

우리는 아이들에게 무엇을 가르쳐야 할까요? 국어, 수학, 사회 등으로 나뉜 교과를 시간마다 가르치기는 합니다만 사실 교과의 지식을 가르치는 것이 교육 본래의 목적일 수는 없을 듯합니다. 어쩌면 교과로 나뉘기 이전, 어떻게 살 것인가 하는 삶을 가르치는 것이 교육의 원래 목적은 아니겠는지요. 그리고 그 삶을 위해 간단히 요약하면 '나는 누구인가?', '이 세계는 어떠한가?', '그리고 나와 함께 이 세계를 살아가는 다른 존재들, 곧 타자는 누구인가?'라는 질문이야말로 거듭 교육적 국면에서 던져야 할 질문이 아닐까 합니다. 교과는 다만 지식의 체계로 말미암은 편의에 따른 구분일 뿐입니다.

그 가운데 국어는 이 세 가지 질문들 가운데 첫 번째와 두 번째 질문과 직결되어 있습니다. 우리는 나를 어떻게 이해하고, 타자를 어떻게 이해할까요? 결국은 말과 행동을 통해, 말과 행동에 바탕을 두고 내가 어떤 사람인지, 타자가 어떤 존재인지를 이해합니다. 그 가운데 특히 말과 글을 통해 우리는 우리 스스로를 세워갑니다. 타자를 이해하기도 하고요. 표현과 이해야말로 인간의 주된 활동이며, 이는 특별한 경우가 아니라면 대체로 언어를 통해 이루어집니다. 언어를 통해 나는 나를 표현하며, 타자를 이해하는 것입니다. '나는 누구인가?'라는 질문은 말과 글을 통해 가장 일관되게, 합리적으로 구성되고 또 탐구됩니다. 국어교과가 참으로 중요한 까닭도 여기에 있습니다.

타자를 이해하는 것도 언어를 통하지 않고서는 온전한 이해에 도달하기 어렵습니다. 그리고 언어, 그 가운데 특히 문학은 타자를 이해하는 아주 중요한 역할을 수행합니다. 그 통로가 곧 상상력입니다. 누군가 다른 존재가 되어 보는 경험. 그것은 문학이 아니고서는 온전히 경험하기 어려운 것입니다.

독서를 흔히들 책날개에 비유하고는 합니다. 고작해야 뛸 수밖에 없는 우리 인간은 책을 통해 날개를 얻습니다. 그리하여 그 날개를 퍼덕이며 다른 곳으로, 다른 세상으로, 다른 경험으로 날아갈 수 있게 됩니다. 문학은 인간을 다루므로 당연 다른 인간들의 삶으로 날아갈 수 있게 됩니다. 그래야만 비로소 타자의 숨결과 마음의 결을 경험할 수 있습니다. 문학이야말로 상상력을 통해 다른 타자의 삶을 경험함으로써 내 삶을, 우리의 삶을 더욱 잘 들여다볼 수 있기 위해 존재하는 것입니다. 삶을 위해 교육이 존재하는 것이지, 교육 따로 삶 따로, 아니면 삶을 도외시한 교육이란 존재할 수 없습니다. 그러니 교과로서의 국어는 삶을 위한 가장 중요한 교과의 하나입니다.

국어와 문학, 어떻게 가르쳐야 할까요?

그럼 어떻게 우리는 국어를, 문학을 가르쳐야 할까요?

교육에서 가장 중요한 요소는 간략히 말해 교사, 학습자, 그리고 지식 혹은 경험입니다. 이 셋을 어떻게 보는가에 따라 교육은 확연히 달라질 것입니다. 교사의 역할을 보는 관점은 지식의 전승자로 보는, 모든 것을 먼저 알고 있는 사람으로 보는 관점이 주류를 이루고 있었습니다. 전통적인 관점입니다. 그러나 지금은 교사의 역할을 지식의 전승자가 아니라 협력자 혹은 중개자로 보는 관점이 힘을 얻고 있습니다. 학습자 또한 마찬가지입니다. 학습자는 결코 텅 빈 여백이 아닙니다. 채워넣고 써넣어야 할 백지 상태가 아닙니다. 스스로 의미를 찾아가고 구성하는 능동적인 의미 형성자로 보는 것이 최근의 관점입니다. 지식이나 경험 또한 다르지 않을 것입니다. 객관적으로 존재하는 지식이 아니라, 시대에 따라, 문화적 환경에 따라, 주체에 따라 상호주관적으로 구성되는 지식을 지식의 특성으로 보고 있습니다. 그것이 인지적 구성주의이든 사회적 구성주의이든 지식의 성격을 달리 규정하고 있으며, 학습의 본질과 교사의 역할 또한 새롭게 규정하고 있습니다.

그리고 비고츠키를 비롯한 구성주의가 밝혀낸 또 다른 합리적 핵심은, 학습이 개인의 두뇌 속에서 이루어지는 알 수 없는 블랙박스 속 심리적 활동이 아니라, 공동체의 문화 속에서 다른 사람과의 사회적 관계 속에서 이루어진다는 것입니다. 하여 교육학적 연구들은 또래의 학습 공동체나 ZPD(Zone of Proximal Development, 근접 발달 영역) 등을 통한 교사와의 상호 관계를 강조하기에 이르렀습니다. 그런데 그 상호 관계가 결국은 '대화'를 통해 이루어지는 것입니다. 일방적인 독백적 대화가 아니라 진정한 상호작용 속의 대화 말입니다.

그렇다 보니 자연 교실에서 이루어지는 대화의 양상에 사람들은 주목하였습니다. 대표적인 교실 담화의 양상은 IRE로 대변되는 양상이었습니다. 교사는 질문을 하고(Initiative), 학습자는 반응을 하며(Response), 교사는 다시 그 반응을 평가하는(Evaluate) 식이었습니다. 우리 교실의 담화 양상도 이와 다르지 않을 것입니다. 이러한 담화 양상이라면 학생들은 문제를 제기하고 답을 찾아가는 것이 아니라, 이미 알고 있는 답을 얼마나 잘 기억하고 있는가에 따라 평가될 것입니다. 그나마 IRE 중 반응에 대한 평가가 심층적이고 새로운 의미로 향할 수 있다면 다행이겠습니다만 이 평가는 암송에 대한 평가일 뿐입니다. 그러니 교실에서 교사와 학습자, 학습자와 학습자 사이의 진정한 대화는 존재하지 않는다고 해도 과언이 아니랍니다.

예컨대 진정한 대화란 답이 이미 존재하지 않는 대화여야 합니다. 그런데 우리네 교실에서 답이 정해져 있지 않은 질문이 있기라도 했을까요? 교과서의 학습 문제들에도 이미 정답이 있는 것들 일색입니다.

우리는 머리로는 모두 잘 알고 있습니다. 교사는 지식의 전달자가 아니라 매개자이며, 학습자는 의미 형성자이며, 지식과 경험이 구성되는 것임을. 그러나 정작 우리의 교실에서 이루어지는 교육활동은 알고 있는 이론과는 정반대로 가르치고 있다는 사실입니다. 이를 넘어서기 위해서는 교실에서 학습자의 목소리를 되돌려주어야 합니다. 앵무새처럼 정답을 암송하는 학습자가 아니라, 질문하고 또 질문하며, 지금 현재의 인식적 바탕 위에서 답을 모색하는 목소리들이 왕왕거리며 교실을 채워야 할 것입니다.

토의가 중심이 되는 수업을

아마 질문과 모색으로 가득 찬 교실은 무엇보다 토의가 중심이 되는 교실일 것입니다. 예컨대 「보리방구 조수택」을 읽었다면 '윤희는 그렇게밖에 할 수 없었을까?'라는 질문은 정해진 답이 없습니다. 그렇게 했다고 해서 윤희를 비난할 수도 없을 것입니다. 윤희로서는 그렇게밖에 할 수 없었을 테니까요. 그렇다고 다른 방도가 아예 막혀 있는 것은 아닐 것입니다. 함께 모색해 봐야 할 문제인 것이지요. 「축구공을 지켜라」에서 우악스러운 노범재 패거리들에 맞설 수 있는 방법은 무엇일까요? 만약 내가 길이찬이라면 어떻게 했을까요? '선생님에게 말한다? 가짜 공을 갖다 준다? 꾹꾹 참는다?' 등등. 아이들은 함께 그 문제의 답을 찾아가야 할 것입니다. 그것이 곧 토의입니다.

어쩌면 여기에서 지금껏 시도했던 작품 읽어주기는 그 자체가 목적일 수 없습니다. 작품 읽어주기는 그 자체의 즐거움 또한 없지 않으나 궁극적으로는 토의를 향해 가는 징검돌 같은 것입니다. 궁극적으로는 아이들이 작품을 선정하고, 아이들이 작품을 읽어나가며 질문을 던지고, 아이들이 스스로 집단적인 지성을 발휘하여 해결책을 모색하는 것. 그것이 가장 바람직한 문학교육, 국어교육, 교육의 마땅히 있어야 할 모습이며, 우리가 그려 나가야 할 모습일 것입니다.

그러나 이 일이 그저 쉽지만은 않을 것입니다. 협력자로서의 교사는 많은 문학작품을 읽어야 하며, 그 작품을 교실로 끌어올 다양한 질문들을 생성해야 하며, 언제 어디로 튈지 모르는 아이들의 반응을 적절히 격려해야 할 것입니다. 어쩌면 그 어려운 도정에서 이 책은 다만 교육의 본래 모습을 되찾고자 하는 첫 단추에 불과합니다. 역할이 끝나면 기꺼이 무대 뒤편으로 퇴장해야 할 운명을 지니고 있는지도 모릅니다. 그러나 이 첫 단추가 지금껏 그 어떤 시도보다 아주 제대로 된 시작이며, 끝을 분명 예감케 하는 시작이라는 것입니다.

또 우리는 비고츠키의 말대로 배움이 사회적으로 이루어진다는 것과 나란히 가르치는 일 역시 사회적인 활동이라고 알고 있습니다. 비록 우리는 홀로 교단을 지키고 있지만 가르치는 일만큼은 언제나 여럿이 함께 해 나가야 할 것입니다. 함께 작품을 읽고, 함께 활동을 기획하고, 함께 교육과정 속에 자리매김하고, 함께 반성적으로 되돌아보아야 할 것입니다. 우리 앞에 함께 배우고, 함께 가르쳐야 한다는 고된 일이 기다리고 있는 것입니다.

이 책이 선생님들의 함께하는 활동에 마중물이 되기를 바랍니다.

참고 작품 목록

1단계 : 이 책에서 활용한 작품들(46권)

1·2학년군

이정록 글/김경수 그림, 『똥방패』, 창비, 2015
이호백 글/그림, 『도대체 무슨 일이 일어났을까?』, 재미마주, 2000
김수정 글/백보현 그림, 『심부름 말』, 상출판사, 2007
피터 브라운 글/그림, 『선생님은 몬스터!』, 사계절, 2015
피터 브라운 글/그림, 『나랑 친구하자』, 사계절, 2015
이태준 글/김동성 그림, 『엄마 마중』, 보림, 2013
윤석중 시/이영경 그림, 『넉 점 반』, 창비, 2004
주동민 시/조은수 그림, 『내 동생』, 창비, 2003
클로드 부종 글/그림, 『파란 의자』, 비룡소, 2004
서현 글/그림, 『눈물바다』, 사계절, 2009
김용철 글/그림, 『뒤집힌 호랑이』, 보리, 2012
백희나 글/그림, 『장수탕 선녀님』, 책읽는곰, 2012
오츠카 유우조 글/아키바 수에키치 그림, 『수호의 하얀 말』, 한림출판사, 2001
유은실, 『나도 편식할 거야』, 사계절, 2011
김옥, 『학교에 간 개돌이』, 창비, 1999

3·4학년군

데이비드 위즈너 글/그림, 『시간 상자』, 베틀북, 2007
박기범 글/유동훈 그림, 『새끼 개』, 낮은산, 2003
윤해연, 『오늘 떠든 사람 누구야?』, 비룡소, 2014
이은정, 『목기린 씨, 타세요!』, 창비, 2014
프란치스카 비어만 글/그림, 『책 먹는 여우』, 주니어김영사, 2001

모리야마 비야코 글/쓰치다 요시하루 그림, 『노란 양동이』, 현암사, 2000
윌리엄 스타이그 글/그림, 『당나귀 실베스터와 요술 조약돌』, 다산기획, 1994
최원오 풀어씀, 「이야기 주머니 이야기」, 『동동이로 배우는 국어교과서』, 상상의힘, 2014
송미경, 『어떤 아이가』, 시공주니어, 2013
유은실, 『멀쩡한 이유정』, 푸른숲주니어, 2008
채인선, 『내 짝궁 최영대』, 재미마주, 1997
황선미, 『나쁜 어린이표』, 이마주, 2017
밭한뙈기, 『꼭 하고 싶은 말』, 삶말, 2016
임길택 엮음, 『아버지 월급 콩알 만 하네』, 보리, 2006
이원수, 『너를 부른다』, 창비, 1979
유강희, 『손바닥 동시』, 창비, 2018
권정생 시/김환영 그림, 『강냉이』, 사계절, 2015

5·6학년군

백창우 외, 『날아라, 교실』, 사계절, 2015
김성민, 『브이를 찾습니다』, 창비, 2017
임길택, 『할아버지 요강』, 보리, 1995
박기범, 『문제아』, 창비, 1999
진형민, 『꼴뚜기』, 창비, 2013
김현수, 『사랑에 빠진 도깨비』, 상상의힘, 2016
박관희, 『힘을 보여주마』, 창비, 2006
유은실, 『만국기 소년』, 창비, 2007
사토 마키코, 『처음 자전거를 훔친 날』(고향옥 역), 웅진주니어, 2007
이창숙, 『개고생』, 상상의힘, 2014
김옥, 『청소녀 백과사전』, 낮은산, 2006
권정생 글/김환영 그림, 『빼떼기』, 창비, 2017
김민령, 『나의 사촌 세라』, 창비, 2012
안미란 외, 『블루시아의 가위바위보』, 창비, 2004
오카 슈조, 『우리 누나』(김난주 역), 웅진주니어, 2002
황선미, 『처음 가진 열쇠』, 웅진주니어, 2006

2단계 : 작품 읽어주기를 보완하는 작품들 (30권)

1·2학년군

권윤덕 시/그림, 『시리동동 거미동동』, 창비, 2003

박종채 글/그림, 『내 빤스』, 키다리, 2012

윤지회 글/그림, 『마음을 지켜라! 뿅가맨』, 보림, 2010

손지희 글/그림, 『지옥탕』, 책읽는곰, 2011

요시타케 신스케 글/그림, 『이유가 있어요』, 봄나무, 2015

현덕 글/이형진 그림, 『고양이』, 길벗어린이, 2000

이수지 글/그림, 『파도야 놀자』, 비룡소, 2009

노인경 글/그림, 『코끼리 아저씨와 100개의 물방울』, 문학동네어린이, 2012

로렌 차일드 글/그림, 『난 토마토 절대 안 먹어』, 국민서관, 2001

정유경, 『까불고 싶은 날』, 창비, 2010

3·4학년군

박기범, 『어미개』, 낮은산, 2003

권정생 글/정승각 그림, 『오소리네 집 꽃밭』, 길벗어린이, 1997

소윤경 글/그림, 『레스토랑 Sal』, 문학동네어린이, 2013

이혜란 글/그림, 『우리 가족입니다』, 보림, 2005

박연철 글/그림, 『망태할아버지가 온다』, 시공주니어, 2007

박혜준 글/김동수 그림, 『천하무적 고무동력기』, 보림, 2005

안녕달 글/그림, 『메리』, 사계절, 2017

김소월 외·겨레아동문학연구회 엮음, 『엄마야 누나야』, 보리, 1999

김리리, 『화장실에 사는 두꺼비』, 문학동네어린이, 2007

김옥, 『축구생각』, 창비, 2004

5·6학년군

사라 스튜어트 글/데이비드 스몰 그림, 『리디아의 정원』, 시공주니어, 1998

앤서니 브라운, 『돼지책』, 웅진주니어, 2001

김남중, 『미소의 여왕』, 사계절, 2010.

김상욱 엮음, 『나도 모르는 내가』, 상상의힘, 2011

장철문 외 48인, 『전봇대는 혼자다』, 사계절, 2015

송미경, 『돌 씹어 먹는 아이』, 문학동네어린이, 2014

박종채 글/그림, 『두꺼비가 간다』, 상상의힘, 2016

송언, 『멋지다 썩은 떡』, 문학동네, 2007

송진헌 글/그림, 『삐비이야기』, 창비, 2003

진형민, 『소리 질러, 운동장』, 창비, 2015

3단계 : 심화된 사고를 촉발하는 작품들 (30권)

1·2학년군

권문희 글/그림, 『줄줄이 꿴 호랑이』, 사계절, 2005

권윤덕 글/그림, 『고양이는 나만 따라 해』, 창비, 2005

권정생 글/정승각 그림, 『강아지똥』, 길벗어린이, 1996

김동수 글/그림, 『감기 걸린 날』, 보림, 2002

김용철 글/그림, 『우렁각시』, 길벗어린이, 2009

레오 리오니 글/그림, 『프레드릭』, 시공주니어, 2013

백석 시/김세현 그림, 『준치가시』, 창비, 2006

베라 윌리엄스 글/그림, 『엄마의 의자』, 시공주니어, 1999

초등학교 아이들 23명 글/백창우 곡, 『딱지 따먹기』, 보리, 2002

필리파 피어스, 『학교에 간 사자』(햇살과나무꾼 역), 논장, 2010

3·4학년군

권정생 글/김세현 그림, 『엄마 까투리』, 낮은산, 2008

동시마중편집위원회 엮음, 『근데 너 왜 울어?』, 상상의힘, 2011

먼로 리프 글/로버트 로슨 그림, 『꽃을 좋아하는 소 페르디난도』, 비룡소, 1998

방정환 글/김세현 그림, 『만년샤쓰』, 길벗어린이, 1999

백창우 외 52인, 『날아라, 교실』, 사계절, 2015

윤동재 시/김재홍 그림, 『영이의 비닐우산』, 창비, 2005

이민희 글/그림, 『라이카는 말했다』, 느림보, 2007

존 버닝햄 글/그림, 『우리 할아버지』, 비룡소, 1995

천효정, 『삼백이의 칠일장1·2』, 문학동네어린이, 2014

한윤섭, 『우리 동네 전설은』, 창비, 2012

5·6학년군

권윤덕 글/그림, 『꽃할머니』, 사계절, 2010

권정생, 『사과나무밭 달님』, 창비, 1990

김태호, 『네모 돼지』, 창비, 2015

김효은 글/그림, 『나는 지하철입니다』, 문학동네어린이, 2016

박기범, 『미친 개』, 낮은산, 2008

사노 요코 글/그림, 『100만 번 산 고양이』, 비룡소, 2002

서진선 글/그림, 『오늘은 5월 18일』, 보림, 2013

수지 모건스턴, 『조커 학교가기 싫을 때 쓰는 카드』(김예령 역), 문학과지성사, 2000

장주식, 『강이 울면』, 상상의힘, 2015

최나미, 『셋 둘 하나』, 사계절, 2007

4단계 : 더 읽어도 좋을 작품들

창작그림책

공광규 시/김재홍 그림, 『구름』, 바우솔, 2013

권윤덕 글/그림, 『나무 도장』, 평화를품은책, 2016

권윤덕 글/그림, 『만희네 집』, 길벗어린이, 1995

권정생 글/정승각 그림, 『황소아저씨』, 길벗어린이, 2001

권정생 시/김병하 그림, 『강아지와 염소 새끼』, 창비, 2014

김동수 글/그림, 『감기 걸린 날』, 보림, 2002

김동수 글/그림, 『잘 가, 안녕』, 보림, 2016
김상근 글/그림, 『두더지의 고민』, 사계절, 2015
김서정 글/한성옥 그림, 『나의 사직동』, 보림, 2003
김용안 글/한병호 그림, 『수달이 오던 날』, 시공주니어, 2012
김장성 글/정지혜 그림, 『골목에서 소리가 난다』, 사계절, 2007
김한민 글/그림, 『사뿐사뿐 따삐르』, 비룡소, 2013
노인경 글/그림, 『고슴도치 엑스』, 문학동네어린이, 2014
노인경 글/그림, 『코끼리 아저씨와 100개의 물방울』, 문학동네어린이, 2012
박재철 글/그림, 『팥이 영감과 우르르 산토끼』, 길벗어린이, 2013
박철 시/김재홍 그림, 『엄마의 품』, 바우솔, 2015
백석 시/김세현 그림, 『준치가시』, 창비, 2006
백석 시/오치근 그림, 『오징어와 검복』, 소년한길, 2008
백석 시/유애로 그림, 『개구리네 한솥밥』, 보림, 2001
백석 시/홍성찬 그림, 『여우난골족』, 창비, 2007
백희나 글/그림, 『구름빵』, 한솔수북, 2004
백희나 글/그림, 『알사탕』, 책읽는곰, 2017
서진선 글/그림, 『엄마에게』, 보림, 2014
서현 글/그림, 『커졌다!』, 사계절, 2012
센우 글/그림, 『안녕 폴』, 비룡소, 2014
송언 글/김동수 그림, 『학교 가는 날』, 보림, 2011
송창일 글/이영림 그림, 『베개 애기』, 개암나무, 2014
안녕달 글/그림, 『수박 수영장』, 창비, 2015
염혜원 글/그림, 『쌍둥이는 너무 좋아』, 비룡소, 2014
유준재 글/그림, 『마이볼』, 문학동네어린이, 2011
윤석중 시/김용철 그림, 『낮에 나온 반달』, 창비, 2004
이상교 글/김재홍 그림, 『엄마가 섬 그늘에 굴 따러 가면』, 봄봄, 2013
이상교 시/한병호 그림, 『빈집』, 시공주니어, 2014
이수지 글/그림, 『검은 새』, 비룡소, 2007
이수지 글/그림, 『동물원』, 비룡소, 2004
이억배 글/그림, 『비무장지대에 봄이 오면』, 사계절, 2010

이억배 글/그림, 『솔이의 추석이야기』, 길벗어린이, 1995
이춘희 글/윤정주 그림, 『아카시아 파마』, 사파리, 2011
이혜리 글/그림, 『달밤』, 보림, 2013
이호백 글/이억배 그림, 『세상에서 제일 힘센 수탉』, 재미마주, 1997
임길택 글/김동성 그림, 『들꽃 아이』, 길벗어린이, 2008
장석주 시/유리 그림, 『대추 한 알』, 이야기꽃, 2015
전래동요/권문희 그림, 『석수장이 아들』, 창비, 2007
전미화 글/그림, 『달려라 오토바이』, 문학동네어린이, 2015
전미화 글/그림, 『씩씩해요』, 사계절, 2010
정진호 글/그림, 『위를 봐요!』, 은나팔, 2014
조아라 글/그림, 『로켓보이』, 한솔수북, 2011
조원희 글/그림, 『혼자 가야 해』,느림보, 2011
조은영 글/그림, 『달려 토토』, 보림, 2011
천유주 글/그림, 『내 마음』, 창비, 2015
천정철 시/이광익 그림, 『쨍아』, 창비, 2008
최경식 글/그림, 『파란 분수』, 사계절, 2016

외국 창작그림책

가브리엘 뱅상 글/그림, 『어느 개 이야기』, 별천지, 2009
가토 구니오 글/히라타 겐야 그림, 『할아버지의 바닷속 집』, 바다어린이, 2010
나카가와 리에코 글/야마와키 유리코 그림, 『구리와 구라의 빵 만들기』, 한림출판사, 1994
다시마 세이조 글/그림, 『뛰어라 메뚜기』, 보림, 1996
레오 리오니 글/그림, 『새앙쥐와 태엽쥐』, 마루벌, 1999
레오 리오니 글/그림, 『프레드릭』, 시공주니어, 2013
레오 리오니, 『파랑이와 노랑이』, 물구나무, 2003
레이먼드 브릭스, 『눈사람 아저씨』, 마루벌, 1997
로렌 차일드 글/그림, 『난 토마토 절대 안 먹어』, 국민서관, 2001
로버트 먼치 글/마이클 마르첸코 그림, 『종이봉지 공주』, 비룡소, 1998
마이클 로젠 글/헬린 옥슨버리 그림, 『곰 사냥을 떠나자』, 시공주니어, 1994
마틴 워델 글/헬린 옥슨버리 그림, 『옛날에 오리 한 마리가 살았는데』, 시공주니어, 2001

매리 홀 엣츠 글/그림, 『또 다시 숲속으로』, 한림출판사, 1997
모리스 센닥 글/그림, 『괴물들이 사는 나라』, 시공주니어, 2002
몰리 뱅 글/그림, 『소피가 화나면, 정말 정말 화나면』, 책읽는곰, 2013
미야니시 타츠야, 『고 녀석 맛있겠다』, 달리, 2004
버지니아 리 버튼, 『작은 집 이야기』, 시공주니어, 1993
베르너 홀츠바르트 글/그림, 『누가 내 머리에 똥 쌌어』, 사계절, 2002
쓰쓰이 요리코 글/하야시 아키코 그림, 『이슬이의 첫 심부름』, 한림출판사, 1991
아를린 모젤 글/그림, 『별나게 웃음 많은 아줌마』, 물구나무, 2003
알렉세이 니콜라예비치 톨스토이 글/헬린 옥슨버리 그림, 『커다란 순무』, 시공주니어, 1996
앤서니 브라운, 『고릴라』, 비룡소, 1998
앤서니 브라운, 『터널』, 논장, 2002
앨런 앨버그 글/자넷 앨버그 그림, 『우체부 아저씨와 비밀편지』, 미래아이, 2016
에릭 칼 글/그림, 『배고픈 애벌레』, 더큰, 2007
에즈라 잭 키츠, 『눈 오는 날』, 비룡소, 1995
에즈라 잭 키츠, 『피터의 의자』, 시공주니어, 1996
요시타케 신스케 글/그림, 『불만이 있어요』, 봄나무, 2016
우메다 슌사쿠 글/우메다 요시코 그림, 『모르는 척』, 길벗어린이, 1998
윌리엄 스타이그 글/그림, 『멋진 뼈다귀』, 비룡소, 1995
윌리엄 스타이그 글/그림, 『치과의사 드소토 선생님』, 비룡소, 1995
이세 히데코 글/그림, 『나의 를리외르 아저씨』, 청어람미디어, 2007
이와사키 치히로 글/그림, 『작은 새가 온 날』, 프로메테우스, 2002
존 버닝햄 글/그림, 『야, 우리 기차에서 내려!』, 비룡소, 1995
존 버닝햄 글/그림, 『지각대장 존』, 비룡소, 1999
테이지 세타 글·하야시 아키코 그림, 『오늘은 무슨 날?』(한림출판사, 1994)
토미 웅게러 글/그림, 『세 강도』, 시공주니어, 1995
팀 마이어스 글·한성옥 그림, 『시인과 여우』, 보림, 2001
페트리샤 폴라코 글/그림, 『고맙습니다 선생님』, 아이세움, 2001

옛이야기 그림책

박운규 글/이광익 그림, 『버리데기』, 시공주니어, 2006

박운규 글/백희나 그림, 『팥죽 할멈과 호랑이』, 시공주니어, 2006
이경혜 글/박철민 그림, 『선녀와 나무꾼』, 시공주니어, 2006
이주혜 글/홍선주 그림, 『해와 달이 된 오누이』, 시공주니어, 2006
허태준 글/이미애 그림, 『여우누이』, 시공주니어, 2006
엄혜숙 글/이상권 그림, 『구렁덩덩 신선비』, 시공주니어, 2006
권문희 글/그림, 『줄줄이 꿴 호랑이』, 사계절, 2005
권사우 글/그림, 『밥 안 먹는 색시』, 길벗어린이, 2006
권정생 글/김용철 그림, 『훨훨 간다』, 국민서관, 2003
김윤정 글/그림, 『똥자루 굴러간다』, 국민서관, 2010
김환영 글/그림, 『호랑이와 곶감』, 국민서관, 2004
김회경 글/조혜란 그림, 『똥벼락』, 사계절, 2001
신세정 글/그림, 『방귀쟁이 며느리』, 사계절, 2008
이억배 글/그림, 『반쪽이』, 보림, 1997
이영경 글/그림, 『아씨방 일곱 동무』, 비룡소, 1998
서정오 글/이영경 그림, 『주먹이』, 삼성출판사, 2012
정승각 글/그림, 『까막나라에서 온 삽사리』, 초방책방, 1994
이민희 글/박미정 그림, 『얼굴나라』, 계수나무, 2013
그림형제 글/낸시 에콤 버커트 그림, 『백설공주와 일곱 난쟁이』, 비룡소, 2004
그림형제 글/트리나 샤트 하이맨 그림, 『빨간 모자』, 상상의힘, 2014
그림형제 글/펠릭스 호프만 그림, 『찔레꽃 공주』, 비룡소, 2000
닐 게이먼 글/데이브 맥킨 그림, 『금붕어 2마리와 아빠를 바꾼 날』, 소금창고, 2018
버마 알디마 글/레오 딜런·다이앤 딜런 그림, 『모기는 왜 귓가에서 앵앵거릴까?』, 보림, 2003
아가와 수미코 글/아카바 수에키치 그림, 『두루미 아내』, 비룡소, 2002
앤서니 브라운 글/그림, 『헨젤과 그레텔』, 비룡소, 2005
에런 프리시 글/로베르토 인노첸티 그림, 『로베르토 인노첸티의 빨간 모자』, 사계절, 2013
에우게니 M 라초프 글/그림, 『장갑』, 한림출판사, 2015
제럴드 맥더멋 글/그림, 『태양으로 날아간 화살』, 시공주니어, 1996
천장홍 글/그림, 『한간의 요술 말』, 길벗어린이, 2013

동시

권정생 시/백창우 곡, 『바보처럼 착하게 서 있는 우리 집』, 보리, 2010

권정생 외, 『어느 데인지 참 좋은델 가나 봐』, 문학동네어린이, 2017

권정생, 『나만 알래』, 문학동네어린이, 2012

권정생, 『삼베치마』, 문학동네어린이, 2011

권태응 외·겨레아동문학연구회 엮음, 『귀뚜라미와 나와』, 보리, 1999

김개미, 『어이 없는 놈』, 문학동네어린이, 2013

김륭, 『삐뽀삐뽀 눈물이 달려온다』, 문학동네어린이, 2012

김미혜, 『아빠를 딱 하루만』, 창비, 2008

김상욱편, 『그림으로 만나는 우리 동시』, 길벗어린이, 2007

김성민, 『브이를 찾습니다』, 창비, 2017

김성범, 『호랑이는 내가 맛있대』, 상상의힘, 2016

김용택, 『너 내가 그럴 줄 알았어』, 창비, 2008

김용택, 『콩, 너는 죽었다』, 실천문학사, 2003

김응, 『똥개가 잘 사는 법』, 창비, 2012

김준현, 『나는 법』, 문학동네어린이, 2017

김환영, 『깜장꽃』, 창비, 2010

남호섭, 『놀아요 선생님』, 창비, 2007

남호섭, 『벌에 쏘였다』, 창비, 2012

도종환, 『누가 더 놀랐을까』, 실천문학사, 2008

류선열, 『잠자리 시집 보내기』, 문학동네어린이, 2015

문현식, 『팝콘 교실』, 창비, 2015

민경정, 『엄마 계시냐』, 창비, 2012

박방희, 『머릿속에 사는 생쥐』, 문학동네어린이, 2010

박일환, 『엄마한테 빗자루로 맞은 날』, 창비, 2013

방정환 외 시/백창우 곡, 『꽃밭』, 보리, 2003

성명진, 『축구부에 들고 싶다』, 창비, 2001

송진권, 『새 그리는 방법』, 문학동네어린이, 2014

송찬호, 『저녁별』, 문학동네어린이, 2011

송찬호, 『초록 토끼를 만났다』, 문학동네어린이, 2017

신민규, 『Z교시』, 문학동네어린이, 2017
아람유치원 어린이글/백창우 곡, 『맨날맨날 우리만 자래』, 보리, 2003
안진영, 『맨날맨날 착하기는 힘들어』, 문학동네어린이, 2013
오색초등학교 어린이들 저 탁동철 엮음, 『까만손』, 보리, 2002
오인태, 『돌멩이가 따뜻해졌다』, 문학동네어린이, 2012
유강희, 『오리발에 불났다』, 문학동네어린이, 2010
이문구, 『개구쟁이 산복이』, 창비, 1988
이문구, 『산에는 산새 물에는 물새』, 창비, 2003
이안, 『고양이와 통한 날』, 문학동네어린이, 2008
이안, 『고양이의 탄생』, 문학동네어린이, 2012
이안, 『글자 동물원』, 문학동네어린이, 2015
이오덕과 이오덕이 가르친 아이들 시/백창우 곡, 『노래처럼 살고 싶어』, 보리, 2010
이원수 시/백창우 곡, 『이원수 시에 붙인 노래들』, 보림, 2002
이장근, 『칠판 볶음밥』, 창비, 2015
이정록, 『저 많이 컸죠』, 창비, 2013
이정록, 『콧구멍만 바쁘다』, 창비, 2009
이화주, 『내 별 잘 있나요』, 상상의힘, 2013
임길택 시/백창우 곡, 『나무 꼭대기 까치네 집』, 보리, 2010
임길택 편, 『꼴찌도 상이 많아야 한다』, 보리, 2006
임길택, 『나 혼자 자라겠어요』, 창비, 2007
임길택, 『산골 아이』, 보리, 2002
임길택, 『탄광마을 아이들』, 실천문학사, 2004
임복순, 『몸무게는 설탕 두 숟갈』, 창비, 2016
정유경, 『까만 밤』, 창비, 2013
주미경, 『나 쌀벌레야』, 문학동네어린이, 2015
초등학교 아이들 23명 글/백창우 곡, 『딱지 따먹기』, 보리, 2002
최종득, 『내 맘처럼』, 열린어린이, 2017
최종득, 『쫀드기 샘 찐드기 샘』, 문학동네어린이, 2009

창작 동화

강정연, 『건방진 도도군』, 비룡소, 2007

고재현, 『귀신 잡는 방구 탐정』, 창비, 2009

공지희, 『영모가 사라졌다』, 비룡소, 2003

권영품, 『꼬리 잘린 생쥐』, 창비, 2010

권정생, 『몽실 언니』, 창비, 2012

권정생, 『슬픈 나막신』, 우리교육, 2007

김기정, 『해를 삼킨 아이들』, 창비, 2004

김남중, 『불량한 자전거 여행』, 창비, 2009

김남중, 『연이동 원령전』, 상상의힘, 2012

김남중, 『자존심』, 창비, 2006

김남중, 『하늘을 날다』, 낮은산, 2007

김리리, 『만복이네 떡집』, 비룡소, 2010

김민령, 『나의 사촌 세라』, 창비, 2012

김선정, 『방학 탐구 생활』, 문학동네어린이, 2013

김선정, 『최기봉을 찾아라』, 푸른책들, 2011

김성진, 『엄마 사용법』, 창비, 2012

김양미, 『따로 또 삼총사』, 창비, 2010

김양미, 『털뭉치』, 사계절, 2008

김여령, 『완득이』, 창비, 2008

김영주, 『짜장 짬뽕 탕수육』, 재미마주, 1999

김우경, 『수일이와 수일이』, 우리교육, 2001

김유, 『겁보 만보』, 책읽는곰, 2015

김일광, 『귀신 고래』, 내인생의책, 2008

김일광, 『외로운 지미』, 현암사, 2004

김중미, 『괭이부리말 아이들1·2』, 창비, 2001

김중미, 『모여라 유랑인형극단!』, 낮은산, 2009

김중미, 『종이밥』, 낮은산, 2002

김태호, 『제후의 선택』, 문학동네어린이, 2017

김해등, 『전교 네 명 머시기가 간다』, 웅진주니어, 2008

김향이, 『달님은 알지요』, 비룡소, 2004
김혜정, 『우리들의 에그타르트』, 웅진주니어, 2013
김회경, 『똥비녀』, 상상의힘, 2012
남찬숙, 『니가 어때서 그카노』, 사계절, 2006
남찬숙, 『받은 편지함』, 우리교육, 2005
박기범, 『어미개』, 낮은산, 2003
박미라, 『이찬실 아줌마의 가구 찾기』, 바람의아이들,
박효미, 『블랙 아웃』, 한겨레아이들, 2014
박효미, 『오메 돈 벌자고?』, 창비, 2013
방미진, 『괴담』, 문학동네, 2012
방미진, 『금이 간 거울』, 창비, 2006
방미진, 『금이 간 거울』, 창비, 2006
배유안, 『초정리 편지』, 창비, 2006
서석영, 『두근두근 거실텐트』, 창비, 2013
서화교, 『퀴즈킹』, 상상의힘, 2016
송미경, 『복수의 여신』, 창비, 2012
송언, 『마법사 똥맨』, 창비, 2008
송언, 『마법사 똥맨』, 창비, 2008
송언, 『멋지다 썩은 떡』, 문학동네, 2007
신수현, 『빨강 연필』, 비룡소, 2011
신운선, 『해피 버스데이 투미』, 문학과지성사, 2016
안미란, 『너만의 냄새』, 사계절, 2005
안미란, 『참 다행인 하루』, 낮은산, 2016
유은실, 『나의 린드그렌 선생님』, 창비, 2005
유은실, 『내 머리에 햇살 냄새』, 비룡소, 2012
유은실, 『변두리』, 문학동네, 2014
은이정, 『난 원래 공부 못해』, 창비, 2008
이경화, 『장건우한테 미안합니다』, 바람의아이들, 2007
이금이, 『밤티 마을 봄이네 집』, 푸른책들, 2005
이금이, 『밤티 마을 영미네 집』, 푸른책들, 2005

이금이, 『밤티 마을 큰돌이네 집』, 푸른책들, 2004
이나영, 『시간가게』, 문학동네어린이, 2013
이민혜, 『너는 나의 달콤한 ㅁㅁ』, 문학동네어린이, 2008
이숙현, 『초코칩 쿠키! 안녕』, 창비, 2010
이용포, 『태진아 팬클럽 회장님』, 푸른책들, 2007
이은정, 『소나기밥 공주』, 창비, 2009
이은정, 『안녕, 그림자』, 창비, 2011
임어진, 『이야기 도둑』, 문학동네어린이, 2006
임정진, 『하양이와 까망이 부릉신에게 묻다』, 샘터사, 2007
장주식, 『토끼 청설모 까치』, 국민서관, 2007
정채봉, 『오세암』, 창비, 2001
진형민, 『기호 3번 안석뽕』, 창비, 2013
채인선, 『전봇대 아저씨』, 창비, 1997
천효정, 『삼백이의 칠일장1·2』, 문학동네어린이, 2014
최나미, 『걱정쟁이 열 세 살』, 사계절, 2006
최나미, 『단어장』, 사계절, 2008
최나미, 『엄마의 마흔번째 생일』, 사계절, 2012
최진영, 『땅 따먹기』, 청년사, 2006
한윤섭, 『봉주르, 뚜르』, 문학동네어린이, 2010
한윤섭, 『서찰을 전하는 아이』, 푸른숲어린이,
현 덕, 『너하고 안 놀아』, 창비, 1995
황선미, 『마당을 나온 암탉』, 사계절, 2002

외국 동화

러셀 에릭슨, 『화요일의 두꺼비』(햇살과나무꾼 역), 사계절, 2013.
로알드 달, 『찰리와 쵸콜릿 공장』(지혜연 역), 시공주니어, 2000
미하엘 엔데, 『끝없는 이야기』(허수경 역), 비룡소, 2003
미하엘 엔데, 『마법의 설탕 두 조각』(유혜자 역), 한길사, 2001
미하엘 엔데, 『모모』(한미희 역), 비룡소, 1999
비벌리 클리어리, 『헨쇼 선생님께』(선우미정 역), 보림, 2006

아놀드 로벨, 『개구리와 두꺼비는 친구』(엄혜숙 역), 비룡소, 1996
아스트리드 린드그렌, 『내 이름은 삐삐 롱스타킹』(햇살과나무꾼 역), 시공주니어, 2017
아스트리드 린드그렌, 『산적의 딸 로냐』(이진영 역), 시공주니어, 1999
앤드류 클레먼츠, 『프린들 주세요』(햇살과나무꾼 역), 비룡소, 2001
야마나카 히사시, 『내가 나인 것』(햇살과나무꾼 역), 사계절, 2003
엘레인 코닉스버그, 『클로디아의 비밀』(햇살과나무꾼 역), 비룡소, 2000
엘윈 브룩스 화이트, 『샬롯의 거미줄』(김화곤 역), 시공주니어, 2000
조앤 롤링, 『해리 포터와 마법사의 돌』(김혜원 역), 문학수첩, 2014
케이트 디카밀로, 『마법사의 코끼리』(김영진 역), 비룡소, 2011
크리스티네 뇌스트링거, 『오이대왕』(유혜자 역), 사계절, 2009
트리나 폴러스, 『꽃들에게 희망을』(김석희 역), 시공주니어, 2017
필리파 피어스, 『한밤중 톰의 정원에서』(김석희 역), 시공주니어, 1999
하이타니 겐지로, 『나는 선생님이 좋아요』(햇살과나무꾼 역), 양철북, 2008